Gabriele Flörchinger /
Paulus-Thomas Weber

Kar- und Ostertage gestalten

Gabriele Flörchinger/
Paulus-Thomas Weber

Kar- und Ostertage gestalten

Ein Werkbuch

LAHN

Die Deutsche Bibliothek – CIP-Einheitsaufnahme

Flörchinger, Gabriele:
Kar- und Ostertage gestalten: ein Werkbuch / Gabriele Flörchinger/
Paulus-Thomas Weber – Limburg: Lahn-Verlag, 1998
ISBN 3-7840-3155-2

Wir danken den Verlagen für die uns freundlicherweise erteilten
Abdruckgenehmigungen.
Die Fotos stammen von Peter Langer und Rainer Ziegler.

Gedruckt auf chlorfrei gebleichtem, umweltfreundlichem Papier.

everlags gruppe engagement

Lektorat: Dr. Stefan Ohnesorge
Umschlagbild: Sabine Waldmann-Brun, Stuttgart
Umschlaggestaltung und Layout: Jürgen Weber, Limburg
Litho: Limburger Offsetdruck, Limburg
Satz: Typo Schröder, Dernbach
Druck und Bindung: Clausen & Bosse, Leck
Printed in Germany

ISBN 3-7840-3155-2

Inhalt

Vorwort 7

Einführung 9

I. Zur Einstimmung in die Rahmenthemen 13

1. Angst und Glaube 15
2. Vergraben – aufkeimen – ausgraben 16
3. Unser Glaube in der Verwandlung 16
4. Leben teilen – Hoffnung mitteilen 17

II. Modelle für die Gruppenarbeit (Prozeßkonzepte) 19

Vorschlag für einen Verlaufsplan 19

1. In meiner Angst finde ich keine Ruhe (Karfreitag) – Deine Nullpunkte, o Israel, sind deine heiligen Orte (Karsamstag) 21
2. Umwandlung im Dunkel der Erde (Karfreitag) – Vergrabenes Feuer (Karsamstag) 29
3. Unser Glaube in der Verwandlung (Karfreitag) – Dem Gott der Osternacht glauben: Uns selbst als neue Kirche aus dem Taufbad heben (Karsamstag) 36
4. Teile mit mir dein Leben (Karfreitag) – Erzähl mir von deiner Hoffnung (Karsamstag) 45

III. Bausteine für Gottesdienste 53

1. am Gründonnerstag 54
   - Hinführung 54

- Bereit zum Aufbruch aus der alten Sicherheit 56
- Brich mit mir dein Brot 61
- Die Kostbarkeit des Lebens entdecken ... 66
- Aufbruchsmahl – Ermutigung zum Weg durch das Dunkel 69

2. am Karfreitag 75
- Hinführung 75
- Meine Not schreibe ich in verheißungsvolles Miteinander 77
- Vergraben des Feuers 82
- Teile mit mir dein Leben 87
- Meine stumme Trauer wird zur Klage 91
- Umwandlung im Dunkel der Erde 95

3. in der Osternacht 99
- Hinführung 99
- Erzähl mir von Deiner Hoffnung 101
- Vom Tod zum Leben! – Dazwischen ein Abgrund, eine Nacht, ein Gott 107
- Neues Leben bricht auf 112
- Auferstandenes Feuer 117

IV. Umsetzungsmöglichkeiten in den Gemeinden... 122

Vorwort

Viele Menschen unserer Tage sind mit den Fragen, die ihnen das Leben stellt, alleine. Was sie an traditionellen und bekannten Erklärungen oder Deutungen in den christlichen Kirchen und Gemeinden vorfinden, bietet ihnen häufig keine Hilfe mehr. Bei ihrer Suche nach Antworten auf diese Fragen, die sie auch in anderen Formen ausdrücken möchten, finden sie kaum Angebote. Ihre Hoffnungen werden zu wenig erfüllt.
Die Folge ist, daß sich enttäuschte Menschen mehr und mehr von den Gemeinden abwenden und sich an anderen Stellen die Hilfe suchen, die sie brauchen. Mit dieser Situation geben sich Verantwortliche in Gemeinden nicht überall zufrieden; viele von ihnen suchen nach Ideen und Möglichkeiten, wie die Inhalte der christlichen Botschaft bei Menschen von heute so ankommen können, daß sie in ihrem Leben auch hilfreich wirken können.
Die in diesem Werkbuch zusammengestellten Überlegungen und Materialien sind für Verantwortliche in Gemeinden gedacht, die neue Wege zur Gestaltung der Kar- und Ostertage suchen und sich nicht nur mit vorgegebenen Abläufen zufrieden geben. Es richtet sich an alle, die sich um kreative Formen bemühen, mit denen der Sinn der vielen religiösen Handlungen auf eine neue Art verständlich wird. Es enthält Gestaltungsideen, mit denen die traditionellen Formen aus dem gewohnten Ablauf herausgeholt, durch Handeln erfahrbar oder unter anderen Blickwinkeln gedeutet werden. Im Zentrum stehen jeweils »starke Zeichen«; anhand dieser Symbole rücken die biblischen Inhalte dem eigenen Leben näher.
Das vorliegende Material wurde in vielen Jahren erarbeitet und konnte bei der Umsetzung vielen Teilnehmerinnen und Teilnehmern der gemeinsamen Feier der Kar- und Ostertage neue Zugänge zur christlichen Botschaft ermöglichen. Viele Mitarbeiterinnen und Mitarbeiter haben dazu ihre Ideen eingebracht und mit ihren ganz unterschiedlichen Fähigkeiten ihren Beitrag zu diesem Gemeinschaftswerk geleistet; wir danken Dietrich Seidel

(Diözesanpräses Kolpingwerk), Rainer Ziegler (Familienreferent Kolpingwerk), Peter Langer (Diözesanreferent Kolpingwerk), Carola Weller (Gemeindereferentin), Manfred Köhler (Jugendreferent), Dorothea Voss (Theologin), Susanne Hartung (Erzieherin).
Wir wollen mit diesem Werkbuch die Ideen weitergeben und Lust zur eigenen Umsetzung machen. Wir wünschen, daß alle, besonders in den Gemeinden, ähnlich gute Erfahrungen damit machen wie wir.

Würzburg, im Januar 1998

Gabriele Flörchinger/Paulus-Thomas Weber

Einführung

Wir leben in einer Welt, in der an vielen Orten Kriege toben, in der ein Großteil der Menschen unter Hunger leidet, in der die Angst vor einer ungewissen Zukunft vielen in den Knochen sitzt. Mehr oder minder sind wir selbst davon betroffen, auch wenn wir in einem Land leben, in dem es den meisten noch recht gut geht. Aber auch unsere persönliche Not, die Trauer um einen geliebten Verstorbenen, das Leben mit einer Krankheit, die Sorgen des Alltags, all das sucht nach Antwort, nach Trost, nach Sinn.
In diese Situation von uns heutigen Menschen hinein sagt sich die christliche Botschaft von Ostern. Ostern gibt keine glatte Antwort auf die vielfältige Not. Ostern will vielmehr eine Botschaft sein, die das Hoffen in unseren Herzen bestärkt, eine Kunde, die durch uns selbst in den Alltag hineinbuchstabiert werden soll.
Von jeher erfahren Menschen Leid, Not und Tod als zerstörende Kräfte. Und es sind die großen Weisheitstraditionen und Religionen dieser Erde, die versuchen, darauf Antwort zu geben, dem Menschen zu helfen, inmitten von Not und Sorge den Sinn des Lebens zu erfassen, ja sich von ihm erfassen zu lassen. Dazu greifen die Religionen auf das aus, was sie »das Heilige«, was sie »Gott« nennen. Das tut auch unsere christliche Religion. Ja mehr noch, im Christlichen geschieht eine Bestärkung der Hoffnungswege der Menschen durch den sich darin zeigenden Gott. Offenbarung nennt das die Theologie. Gott erweist sich als der, der radikal dem Menschen nahe sein will bis hinein in den Schmerz, das Leid, den Tod. Gott hält den Tod der Menschen mit aus. In diesem Aushalten bricht die Mauer des Todes auf, das Grab öffnet sich und der Tod behält nicht das letzte Wort. Das ist das Geheimnis der Kar- und Ostertage. Da steht Gott auf zugunsten des Lebens. Es ist die Logik der Liebe, daß die von Gott geliebten Menschen nicht im Tode bleiben dürfen. Der Gott der Osternacht erweist sich als der Rettende aus dem Untergang und somit als der Liebende.
Diese Botschaft mit all ihrer Anstößigkeit und Unversteh-

barkeit sagt sich hinhein auch in unsere Zeit. Verstehen werden wir es vielleicht nicht. Aber eine Ahnung davon können wir in und an unserem Leben glaubend erfahren. Dazu laden Jahr für Jahr die Kar- und Ostertage ein.
Das vorliegende Werkbuch ist aus solchen Erfahrungen entstanden. Die hier vorgestellten Modelle, Ideen und Gottesdienste wurden miteinander erlebt bei den Kar- und Ostertagen für Familien in Retzbach und auf dem Volkersberg in der Diözese Würzburg. Fassen konnten wir es auch nie, was da geschah, aber wir erlebten miteinander, wie die Osterbotschaft uns bewegte, wie das Geheimnis dieser Tage uns anrührte und wie wir mit den Problemen unseres Alltags in neuer Kraft den Weg fortsetzen konnten. Wir haben erfahren, daß für das tiefere Verstehen der christlichen Osterbotschaft ein Rahmen notwendig ist, in dem Zeit ist, sich auf sich selbst, auf die Begegnung miteinander und auf die großen Symbole der christlichen Religion zu konzentrieren. Gerade die Arbeit mit Symbolen, sei es im Gottesdienst oder in den Gruppenworkshops, ist uns ein Anliegen geworden und hat sich als sehr hilfreich erwiesen, zum Geheimnis dieser Tage hinzuführen. Das tun Symbole ja, sie nehmen unsere Alltagserfahrung auf und führen so über sich hinaus zu etwas Größerem hin, im letzten zum Leben selbst, zum Heiligen, zu Gott.
Wie die Osterbotschaft von der Weitergabe lebt, so kann vielleicht auch dieses über mehrere Jahre hin Erarbeitete und gemeinsam Erfahrene von der Mitteilung an andere weiterleben. Zumindest ist das unser Wunsch beim Verfassen dieses Buchs. Es will Menschen, die mit anderen – sei es in der Gemeinde, sei es in religiösen Gemeinschaften oder wo auch immer – Ostern bewußt feiern wollen, Anregungen und konkrete Arbeitsmodelle an die Hand geben. Die gemachten Erfahrungen versuchen wir so weiterzugeben, daß sie sich übersetzen lassen in andere Gruppen, in andere Situationen. Wir haben das Buch aus Elementen unserer Kar- und Ostertage erstellt. Die einzelnen Bausteine können also auch unabhängig voneinander eingesetzt werden.
Das Buch ist gegliedert in vier Kapitel. In einem ersten Zugang wird denen, die die gemeinsame Arbeit an Kar-

und Ostertagen mit Hilfe dieses Buches vorbereiten wollen, die Möglichkeit gegeben, sich selbst mit dem Inhalt dieser Tage auseinanderzusetzen. Dort finden sich zu verschiedenen Themen, zu unterschiedlichen Aspekten der Tage Fragen, Leitsätze, die der persönlichen Reflexion und Einstimmung dienlich sein können. Wir haben erfahren, daß die persönliche Auseinandersetzung mit den Themen der Kar- und Ostertage sehr wichtig ist, um dann eine Gruppe oder Gemeinschaft durch verschiedene Symbole, Gruppenarbeit oder Gottesdienst zum Inhalt dieser Tage hinzuführen.
Im zweiten Kapitel stellen wir Modelle für die Gruppenarbeit vor. Wir haben uns jeweils am Karfreitag und am Karsamstag dafür 3 Stunden Zeit genommen. Das Kapitel wird eröffnet von einem Zeitplan, der lediglich als Anregung gedacht ist, die Kar- und Ostertage als Ganzes zu strukturieren. Es folgen ausgearbeitete Gruppenprozesse zu verschiedenen Themen, die jeweils einen Aspekt dieser Tage beleuchten oder eine Übersetzungsmöglichkeit in unsere heutige Situation anbieten. Dabei gehören die Gruppenprozesse des Karfreitags und des Karsamstags stets als eine Doppeleinheit zusammen. Der Gruppenprozeß am Karfreitag nimmt die Dunkelheiten unseres Lebens auf, thematisiert sie. Da haben Klage und Angst ihren Raum, auch Symbole des Todes kommen zum Ausdruck. Der zweite Teil der Doppeleinheit (vorschlagsweise am Karsamstag) ist von der Thematik des Durchgangs und des Neuanfangs, der Verwandlung und der Hoffnung geprägt und damit eine Vorbereitung auf die Feier der Osternacht, des Ostergeheimnisses, das für uns heutige Menschen erschlossen werden soll. Die Offenheit der Gruppeneinheiten soll dem kreativen Ergänzen der Leitenden noch Raum geben. Daher ist nicht alles bis ins Detail ausgearbeitet.
In einem dritten Kapitel werden dann Gestaltungsmöglichkeiten für die Gottesdienste an diesen Tagen vorgestellt. Wir haben erfahren, daß die Themen der drei großen Feiern Gründonnerstag, Karfreitag und Osternacht von solcher Tiefe sind, daß sich ein ganzer Fächer an Symbolen einsetzen läßt, um ihre verschiedenen Aspekte aufleuchten zu lassen. Diese Modelle für die Gottesdien-

ste sind bewußt experimentell gestaltet. Sie weichen von den vorgegebenen Formen teilweise ab, nicht um die Inhalte zu verwischen, sondern um uns Menschen heute neu zu wecken, anszusprechen für das, was die Riten sagen wollen. Einige der Gottesdienstmodelle verraten ihre inhaltliche und auch symbolische Nähe zu dem einen oder anderen Gruppenprozeß. Das hat darin seinen Grund, daß wir die Kar- und Ostertage oft als eine große Einheit durch alle Gruppenarbeiten und Gottesdienste hindurch konzipiert haben. Das mag zur Verbindung der Elemente anregen.
Im vierten und letzten Kapitel geht es dann um Umsetzungen in die Gemeindearbeit. Dort werden in einer Art Nachreflexion Möglichkeiten der Gestaltung und Übersetzung innerhalb der konkreten Gemeinde besprochen.

Wir wünschen allen, die dieses Buch lesen, die daraus das eine oder andere anwenden, die sich von der reichen Symbolik der Ostertage begeistern lassen, daß sie Feuer fangen von dieser Botschaft, von dem, was das Christliche in seiner Mitte trägt und das in unsere Zeit hineinbuchstabiert werden will. Wir wünschen uns und den Lesenden, daß wir von dem, was wir in den Kar- und Ostertagen sehen und hören und erfahren, nicht schweigen können.

PAULUS-THOMAS WEBER

I. Zur Einstimmung in die Rahmenthemen

Bitte

Wir werden eingetaucht
und mit dem Wasser der Sintflut gewaschen,
wir werden durchnäßt
bis auf die Herzhaut.

Der Wunsch nach der Landschaft
diesseits der Tränengrenze
taugt nicht,
der Wunsch, den Blütenfrühlung zu halten,
der Wunsch, verschont zu bleiben,
taugt nicht.

Es taugt die Bitte,
daß bei Sonnenaufgang die Taube
den Zweig vom Ölbaum bringe.
Daß die Frucht so bunt wie die Blüte sei,
daß noch die Blätter der Rose am Boden
eine leuchtende Krone bilden.

Und daß wir aus der Flut,
daß wir aus der Löwengrube und dem feurigen Ofen
immer versehrter und immer heiler
stets von neuem
zu uns selbst
entlassen werden.

HILDE DOMIN

Vorbemerkung

Die folgenden Anregungen sind zur persönlichen Einstimmung und Vorbereitung der Verantwortlichen gedacht und empfohlen.
Wer eine Botschaft weitergeben, für die christliche Botschaft überzeugend auftreten, andere anstecken, begeistern möchte, sollte bei sich anfangen. Bezogen auf die

Glaubensinhalte der Osterbotschaft erfordert das ein ganz persönliches Sich-ein-lassen auf die Botschaft, wollen wir nicht zu »Machern« werden.
Die Vorbereitung einer so hochsensiblen Thematik erfordert Strategie und der erste Schritt innerhalb dieser Strategie ist, sich selbst vorzubereiten und zu fragen:
1. Was ist mir (uns) wichtig?
2. Wie kann ich (können wir) es umsetzen?
Nehmen Sie sich genügend Zeit für die Fragen, vertiefen Sie sich selbst in die Texte der Osterbotschaft und sammeln Sie dazu Ihre eigenen Gedanken, Fragen, Erfahrungen. Halten Sie diese schriftlich fest, denn sie sind wie ein persönliches »Bild« im Hintergrund, das gesehen werden sollte.
Vermutlich reihen sich Ihre eigenen Assoziationen schnell aneinander, wenn Sie so beginnen:

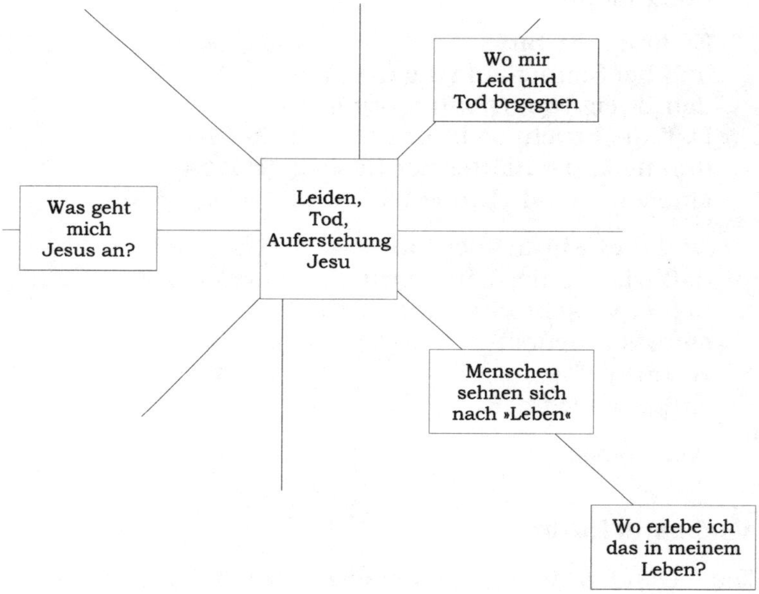

Auf den nächsten Seiten finden Sie Gedanken und Fragen zu den Rahmenthemen, die bei unserer Vorbereitung entstanden sind. Ergänzen Sie Ihre eigenen Überlegungen.

1. Angst und Glaube

Angst

Zugänge

- Was macht mir Angst?
- Wie erlebe ich Angst-Situationen?
- Wie drückt sich die Angst in meinem Körper aus?
- Warum machen mir die Dinge Angst?
- Wie kann ich meiner Angst begegnen?
- In welchen Situationen/Räumen kann ich mich zu meiner Angst bekennen?
- Welche Personen erleben meine Angst-Zeiten?
- Wer geht sie mit mir, begleitet mich?
- Welche Dämonen stehen hinter meiner Angst?

Glaube

Zugänge

- Sehe ich in meiner Angst, bei meiner Angst eine Verbindung zu meinem Glauben?
- Bietet mir der Glaube eine Hilfe zur Bewältigung von Angst?
- Auf welche Personen kann ich in meiner Angst schauen?
- Was würde eine Befreiung von Angst für mich bedeuten?
- Steckt in meinem Glauben ein Kräftepotential für mein Leben?

2. Vergraben – aufkeimen – ausgraben

begraben

Zugänge

- Was habe ich begraben?
- Was will ich begraben?
- Was muß ich begraben?
- Was müßte ich längst begraben haben?
- Was hindert mich, manches zu begraben?

aufkeimen

Zugänge

- Was keimt in mir auf, aus dem, was ich begraben habe?
- Wo kommen schon die ersten Sprossen?
- Was deute ich als aufkeimende Sprosse?
- Liegt mein Vergrabenes auf fruchtbarer Erde?
- Was trage ich dazu bei, damit die Erde fruchtbar ist?

ausgraben

Zugänge

- Neues in die Hand nehmen
- Neues aufnehmen, wahrnehmen
- Neues pflegen

3. Unser Glaube in der Verwandlung

Verwandlung

Zugänge

- Verwandlung bedeutet im Prozeß sein, nicht stehen bleiben, unterwegs sein.
- Ich erlebe im Alltag Wandlung, Verwandlung, Veränderung.

- Es gelingt mir, Vertrautes loszulassen, sein lassen, lassen zu können.
- Ängste umgeben mich dabei, verhindern es vielleicht.
- Was möchte ich unbedingt festhalten?
- Wie geht das?
- Auf welche positiven Verwandlungs-Erfahrungen kann ich zurückgreifen?
- Auf welche negativen Verwandlungs-Erfahrungen kann ich zurückgreifen?

Wandlung durch/im Glauben

Zugänge

- Wo hilft mir mein Glaube, Wandlung zuzulassen?
- Wo ist gerade der Glaube der »Bremser« für Veränderung?
- Welche Wandlung hat mein eigener Glaube erlebt?
- Mit welchen Bildern kann ich Vorstellungen entwickeln für Wandlung/Verwandlung?

4. Leben teilen – Hoffnung mitteilen

Leben

Zugänge

- Leben können, leben wollen überall
- Geglücktes Leben ist für mich ...
  Hoffnungsvolle Situationen: ...
- Am Leben vorbei ist für mich ...
  Ausweglose Situationen: ...
- Unterschiedlichste Lebensentwürfe: ...
- Chancen, um leben zu können: für mich – bei anderen
- Grenzen, die nicht leben lassen: mich – andere

Leben teilen

Zugänge

- Mein eigenes Leben wahrnehmen
- Lebensgefühle bei anderen beobachten, wahrnehmen
- Wo ich von Lebenserfahrungen anderer lerne, gelernt habe
- Wo andere von mir lernen können
- Situationen, in denen Leben untereinander geteilt wird
- Menschen, die ihr Leben in Gemeinschaft leben
- Menschen, die alleine sind, einsam sind

Hoffnung

Zugänge

- Wo sie aufbricht
- Was sie bewirkt
- Wie sie Leben verändert

Hoffnung mitteilen

Zugänge

- Sich anstecken lassen
- Als Gruppe Hoffnung ausstrahlen
- Teilhaben können
- Teilnehmen

GABRIELE FLÖRCHINGER

II. Modelle für die Gruppenarbeit (Prozeßkonzepte)

Vorschlag für einen Verlaufsplan einer gemeinsamen Feier der Kartage in der Gruppe

Gründonnerstag

17:30 Uhr	Absprache des Leitungsteams
18:00 Uhr	Anreise
18:30 Uhr	Abendessen
19:30 Uhr	»Betthupferl«
20:30 Uhr	Gründonnerstagsliturgie
	Angebot: Anbetung/Wache der Jugend

Karfreitag

8:00 Uhr	Frühstück
9:00 Uhr	Musikstück in der Kapelle
	(Kinderbetreuung 9:00 – 12:30 Uhr)
	Einführung Liturgie
	Vorstellen der Workshops (jeweils mit einem Symbol)
9:30 Uhr	Workshop 1 bis 4
	(»Teile mit mir dein Leben«)
12:30 Uhr	Mittagessen
13:30 Uhr	Mittagspause: Treffen des Leitungsteams
15:00 Uhr	Karfreitagsliturgie
	(Kinderbetreuung 15:00 – 18:00 Uhr)
anschl.	Beichtgelegenheit
19:00 Uhr	Film für die Kinder
21:00 Uhr	Film für die Erwachsenen

Karsamstag

8:00 Uhr	Frühstück
9:00 Uhr	Musikstück in der Kapelle
	(Kinderbetreuung 9:00 – 12:00 Uhr)
	Einführung Liturgie

	Vorstellen der Workshops (jeweils mit einem Symbol)
9:30 Uhr	Workshop 1 bis 4 (»Erzähl mir von deinen Hoffnungen«)
12:00 Uhr	Mittagessen
13:00 Uhr	Einteilung der kreativen Workshops
13:30 Uhr	Treffen des Leitungsteams
14:00 Uhr	Kreative Workshops • Brot backen • Eier färben • Musikgruppe • Basteln mit Tonpapier • Kerzen verzieren • Tanz
18:00 Uhr	Abendessen
20:30 Uhr	Osternacht
anschl.	Fest

Sonntag

9:00 Uhr	Frühstück Reflexion Ostertage (schriftlich)
9:45 Uhr	Geschichte für die Kinder Osterspaziergang/Nestsuche
11:00 Uhr	Gottesdienst (»Emmaus«)
12:00 Uhr	Mittagessen
anschl.	Abreise

1. In meiner Angst finde ich keine Ruhe (Karfreitag) – Deine Nullpunkte, o Israel, sind deine heiligen Orte (Karsamstag)

Die beiden Einheiten zum Karfreitag und Karsamstag haben in ihrer Mitte das Zelt als Symbol, an dem sich der gemeinsame Weg zeigt. Das Zelt gilt als Notbehausung für die, die keine feste Bleibe haben. Es hat Israel auf dem Weg durch die Wüste begleitet. Getrieben, umhergetrieben von anderen Völkern, heimatlos von Ort zu Ort – da geht das Zelt mit als Wohnstätte für ein wanderndes Volk.

An diese Bedeutung knüpft der Prozeß dieser beiden Tage an, der uns heutige Menschen als Menschen »auf Wanderschaft« erlebbar machen will. Oft ist es die Angst vor dem Kommenden, vor der Zukunft, oder die Ungewißheiten des täglichen Lebens, die uns umhertreiben. Stets neu ist unser Glaube herausgefordert, darauf Antwort zu geben. Auch im Glauben ist ja keineswegs alles gesichert, im Gegenteil: Gerade im Glauben werden wir stets neu herausgerufen aus alten Sicherheiten hin zu neuen Ufern der Erfahrung Gottes. Aber auf der heimatlosen Wanderung hat Israel seinen Gott erlebt als einen, der mitwandert. Das Zelt war nicht nur dürftige Bleibe, sondern auch der Ort, an dem Gott sich seinem Volk offenbart hat. So wurde es zum Offenbarungszelt. Auch in unserem Alltag kann sich Gott erweisen als ein Mitwandernder. So werden wir eingeladen, unsere Not in das Zelt unserer Wanderschaft zu schreiben, um die Verwandlung der Angst in Trost mitzuerleben. Aus dem Zelt als Symbol der Heimatlosigkeit wird eine mitwandernde Garantie der Gegenwart Gottes.

Ganz als Mitgehender erweist sich Gott in Jesus, dem Christus. Durch ihn wurde sogar noch die Höhle des Todes aufgehellt, ja unser eigener Tod verwandelt. Das Zelt, nun als Grabeszelt umgedeutet, wird so wieder zur Offenbarungsstätte Gottes. Das Grab Jesu wird zum Offenbarungszelt des neuen Bundes. Das wird versucht, erfahrbar zu machen, indem aus dem Zelt, in das wir unsere Not schreiben, die Osterbotschaft hervorkommt. Am Ende des gemeinsamen Weges durch diese beiden Tage erhellt sich, daß wir als Empfangende und Verkündende der Osterbotschaft selbst das Offenbarungszelt Gottes unter den Menschen sind. Das alte Zelt wird nicht mehr gebraucht, es wird abgerissen. Wir selbst als leben-

dige Gemeinschaft tragen Gottes Offenbarung im Herzen und sind so seine Wohnstatt unter den Menschen von heute. Aus Heimatlosen ist selbst eine Heimstatt Gottes geworden in dieser Welt.

PAULUS-THOMAS WEBER

Karfreitag: In meiner Angst finde ich keine Ruhe

Vorbereitung

Um die Inhalte der Einheit aussagekräftig darzustellen, wurde ein dunkles Zelt in die Mitte des Raumes gestellt. Wir haben dazu eine Jurte verwendet, die wir uns von den Pfadfindern ausgeliehen und mit einigen Improvisationen auch gut im Saal festmachen konnten (hängt von den Räumlichkeiten ab). Wenn die Lösung mit einem vorhandenen Zelt nicht möglich ist, kann man dunkle Tücher verwenden und baut mit Stangen ein Gerüst. Das Zelt soll auf jeden Fall dunkel, düster gestaltet sein, als Bereich für Angst.
Außerdem werden benötigt:
- Zettel und Stifte zum Schreiben oder Malen.
- Die unten angegebenen Bibelstellen als Texte vorbereiten, und, soweit zu finden, Bilder zu den dort genannten Personen. Empfehlen können wir Darstellungen von Künstlern, z. B. von Sieger Köder.

Plenum

Zeitbedarf: 20 Minuten

- Einführung und Vorstellen des Themas
  Angst wird von uns heute als besonders bedrängend erfahren. Dahinter liegt ein Positivum: Wir wollen Leben. Leben wird vielfach als bedroht erfahren. Gegen diese Bedrohung operiert die Suche nach Sicherheiten und Versicherungen jeglicher Art. Aber es gilt: Nullpunkt, Tod, Scheitern sind Möglichkeit eines Neubeginns. Dann ist Sicherheit der falsche Weg, Versicherung ist Verführung.

Israel, Jesus und andere, die auf das Ganze setzen, die ganz und unverkürzt Mensch sein wollen, vertrauen nicht auf Versicherungen. Sie trauen sich, ihrer Angst zu begegnen und dem Gott, der darin rettet. Dort offenbart sich ihr Gott. Gräber und Nullpunkte werden zu Offenbarungsorten dieses Gottes.
Darauf zu setzen, daß das Realität ist, das heißt Glaube. Alles andere ist nebensächlich! Das ist das Thema am Vormittag.

- Vorstellen des Ablaufs am Vormittag: Einzelarbeit/Textarbeit in Kleingruppen/Plenum.

Zeitbedarf: 20 Minuten

Einzelarbeit

Schreibarbeit zum Thema »Welche Angst treibt mich um? – Meiner Angst ins Gesicht sehen.«

40 Minuten

Plenum

Zelt steht in der Mitte. Einzeln gehen die Teilnehmer zur Mitte, stellen ihren Angstzettel vor und hängen ihn innen ins Zelt an die Wände.
Die eigene Angst, die im Schreiben, im Mut, sie anzusehen, aus ihrer Gesichtslosigkeit herausgeholt wurde, ein Gesicht bekommen hat, wird im Zelt eingeschlossen. Das Zelt wird zum Gärkessel. Gärung verwandelt. Da kann sich etwas ändern.

15 Minuten

Pause

45 Minuten

Marktplatz und Kleingruppen

Wahl von entgegengesetzten Gesichtern. Zum Gesicht der Angst kommt das Gesicht von Menschen, die durch die Angst hindurchgingen, die Verwandlung am Nullpunkt erfuhren und dafür bürgen. Sie halten für uns ihr Gesicht hin als Zeugen und Zeuginnen des Lebendigen und ihres Gottes.
Auf dem Markttisch liegen Bilder und Texte zu 9 biblischen Personen. Die Texte sind so groß gedruckt, daß sie in der Kleingruppe vorgelesen werden können. Es geht um kommunikative Disziplin. (Nur 9 Texte und Bilder dazu verwenden!) Die Personen sind:

Rut: Rut 1,1–5; 3,9f.; 4,13–15
Sara und Tobit: Tob 3,10–17
Drei Männer vor Nebukadnezzar: Dan 3,17–23.49–52
Noah: Gen 7,17–19; 8,1f.22
Abraham: Gen 12,1–3; 15,6–14.17f.
Mirjam: Ex 14,10–14; 15,19–21
Gelähmter von Betesda: Joh 5,1–9
Verlorener Sohn: Lk 15,11–32
Syrophönizische Frau: Mk 7,24–30
Kleingruppen sammeln sich um je eine Figur. Wie wird hier Angst bewältigt? Texte vorlesen lassen. Austausch – Anknüpfen eigener Erfahrungen. Was kann ich von dieser Person lernen?

Plenum

Zeitbedarf: 30 Minuten

Eine Kleingruppe nach der anderen stellt ihr Gespräch kurz vor und hängt Text und Bild der ausgewählten Figur außen ans Zelt.
In der glaubenden Überwindung der Angst, der gesichtslosen Angst, erscheint außen am »Gärkessel« Zelt das Menschengesicht als Ermutigung und Zeugnis, als Offenbarung Gottes in der Menschengeschichte.

Abschluß

Verhängen des Zelteingangs mit dem Hungertuch als Zeichen der vertrauenden Hoffnung. Wir warten auf die Macht des Übergangs.

Karsamstag: Deine Nullpunkte, o Israel, sind deine Heiligen Orte

Vorbereitung

- Die Ostertexte (siehe unten) in ausreichender Anzahl kopieren, jeden Text auf ein extra Blatt.
- Plakate, Stifte.
- Bunte Tücher, die zur Aufteilung der Gruppen dienen; von daher richten sich die notwendigen Farben nach der Anzahl der Teilnehmer/innen.

- Das Zelt steht vom Vortag in der Mitte.
- Musik für einen Tanz am Schluß.

Zeitbedarf: 10 Minuten

Aufwärmübung

Zum Einstieg ist es gut, mit einer Übung zum Ankommen den Teilnehmer(inne)n die Möglichkeit zu geben, ruhig zu werden.
Gut ist hier eine Atemübung, oder was sonst vertraut ist.

10 Minuten

Vorstellen des Themas

- Anknüpfen an die Erfahrungen des Vortags. Das Zelt in der Mitte ist das Zentrum unserer Angst. Die Angst, die wir mit uns tragen, wurde gesammelt und befindet sich nun wie in einem »Gärkessel«. Wir lassen sie wirken und gären. Dieser Prozeß, den wir hier miteinander erfahren, hat etwas Verheißungsvolles.
  Wir warten auf den Übergang, der uns mit Macht anzieht. Damit tasten wir uns an Ostern schon heran. Es ist der Weg von der Angst zum Glauben.
- Ablauf des Vormittags vorstellen.

15 Minuten

Plenum

Die Leute gehen ins Zelt, lesen die Ostertexte, die dort liegen, wählen einen Text für sich aus.
Sie gehen dann vors Zelt und machen Werbung für ihren Text. Es geht darum, »in Sachen Ostern« bei den Teilnehmer(inne)n zu werben und Leute zu finden, die mitmachen, sich auf diesen Ostertext einlassen wollen. Wie »Wanderapostel« sollen die Teilnehmer/innen umherziehen und begeisterte Nachfolger/innen finden.
Es bilden sich Workshops um je eine Osterbotschaft. Jede Kleingruppe nimmt sich ein Plakat und Stifte mit.

45 Minuten

Kleingruppen

Der Ostertext steht in der Mitte und in der Gruppe werden »Übersetzungen« ins Heute gesucht.
Es ist ausreichend Zeit für Gespräche, fürs Hören und

Lernen. Alle Anmerkungen werden auf das Plakat geschrieben.

Zeitbedarf: 15 Minuten

Pause

45 Minuten

Kleingruppen

Alle Kleingruppen treffen sich wieder im Plenum. Um das Zelt liegen so viele Felder aus farbigen Tüchern wie Kleingruppen vorhanden sind. Die aus dem Offenbarungszelt »Grab« geholte Osterbotschaft wird einander gesagt als Weg aus der Angst zum Glauben.
Spiel um das Zelt: Jede Gruppe geht auf ein Farbfeld und teilt nacheinander ihr Gruppengespräch, ihre Osterbotschaft den anderen mit.
Am Ende fällt das Zelt zusammen. Während das Zelt zusammenfällt, erklärt der Leiter/die Leiterin:
»Ihr seid nun die Zeugen und Zeuginnen von Ostern inmitten unserer Not heute. Einander gebt ihr Kunde und Zeugnis und seid damit das Offenbarungszelt des Neuen Bundes mit all euren Ängsten und Gräbern. Aus dem Grab, dem Nullpunkt hebt sich der Gott der Osternacht als die verwandelnde Macht des Übergangs in unsere Herzen zur lebendigen Kunde, die von Mund zu Mund gehen will. Ihr seid die Gemeinde des Neuen Bundes, das Offenbarungszelt des österlichen Gottes.«

10 Minuten

Tanz

Zum Abschluß wird um das zusammengefallene Zelt und die bunten Tücher getanzt. Dazu ist entweder ein Tanz möglich, der mit seiner Schrittfolge bekannt ist und Freude ausdrückt, oder ein freier Tanz zu einer ausdrucksstarken Musik.

Ostertexte

Schrifttext

»Tod, wo ist dein Sieg, Tod, wo ist dein Stachel?« (1 Kor 15,55)

»Übersetzung«

Wenn Ostern wirklich wahr ist, wenn ihr es glaubt, könnt ihr die Sorge um den Tod verlassen, und – leben!

»Gott ist Liebe.« (1 Joh 4,16)
Nur in der Logik der Liebe steht es, Menschen aus dem Tod aufzuerwecken. Einen Menschen lieben heißt sagen: Du sollst ewig leben.

»Gesät wird in Schwachheit, auferweckt in Kraft; (denn) das Niedriggeborene der Welt und das Verachtete hat Gott erwählt.« (1 Kor 15,43; 1,28)
Alles steht kopf. Dieser Gott springt selbst vom Thron und tritt auf die Seite der Armen, der Entrechteten, auch auf unsere Seite.

»Wir können und dürfen nicht schweigen von dem, was wir gesehen haben.« (Apg 4,20)
Wenn ihr Ostern verstanden habt, es euch packt, ihr glaubt, dann redet ihr davon, dann lebt ihr es, dann könnt ihr nicht schweigen in dieser Welt so vieler Tode.

»Und er ist auferweckt worden.« (1 Kor 15,4)
Gerettet sind alle Augenblicke der Geschichte dieses Menschen, aber auch deiner und deiner und deiner Geschichte. Nichts soll vergessen sein, was du gelebt hast. Geborgen, gerettet in Ewigkeit, auferweckt aus dem Abgrund des Vergessens, des Todes.

»Und hinaus gingen sie, flohen vom Grab. Noch zitterten sie und waren außer sich.« (Mk 16,8)
Ostern ist gefährlich. Es bricht hell ein in unsere Blind-Welt, um uns so lange zu erschrecken, bis wir sehen und glauben. Da bricht unser Weltbild zusammen. Ostern als Provokation.

»Ist aber Christus nicht auferweckt worden, so ist leerer Wahn unsere Verkündigung – leerer Wahn auch euer Glaube.« (1 Kor 15,14)
Wenn ihr nicht hofft, daß aus dem Nullpunkt der Aufgang hervorgeht, daß Gott sich im Grab offenbart, dann könnt ihr euren Glauben vergessen!

2. Umwandlung im Dunkel der Erde (Karfreitag) – Vergrabenes Feuer (Karsamstag)

In der Mitte dieser beiden Einheiten für die Gruppenarbeit stehen Symbole der Verwandlung aus der uns umgebenden, in uns lebenden Natur. Die Erde ist der Urort von Verwandlung. Altes stirbt in sie hinein, wird zersetzt und zu Humus, zu dienendem Erdboden, aus dem neues Leben sich nähren kann. Das Samenkorn, das aufsprießen soll zum neuen Baum, es muß in die Erde hinein begraben werden, um reiche Frucht zu tragen. Die Erde als Mutterboden besteht gleichsam nur aus vergrabenen Lebewesen, aus deren Körpern, die wie eine Schale vom Lebendigen abfielen, um neues Leben hervorzubringen. So ist die Erde ein altes Symbol für Verwandlung, nähren wir uns doch mit den Früchten dieser Erde.
Diese fruchtbare Verwandlung ist bei vielen Völkern ein Bild für das Sterben, das als eine Seite der Umwandlung gesehen wird, deren andere Seite ein neues Erblühen ist. So legen Menschen seit Tausenden von Jahren ihre geliebten Toten in den Schoß der Erde. In diesen Riten liegt immer auch die Hoffnung auf ein anderes Weiterleben oder ein neues Leben der Verstorbenen. Vor vielen tausend Jahren begannen Menschen, Steine aufzurichten, die Menhire, wohl zum Zeichen von bleibendem Leben, von »Ewigkeit«, so wie das die Toten ausstrahlen, das Hinübergehen in eine andere, »ewige« Daseinsweise. Solche Funde gibt es z. B. in England und Frankreich; besonders bekannt sind die Menhirenfelder von Carnac in der Südbretagne und der Trilithenkreis von Stonehenge in Südengland. Später wurden daraus die Säulen der Tempel und Kirchen, ja unsere Grabsteine, die noch etwas von dieser alten »Trotzhaltung« des Menschen ausdrücken, daß der Tod nicht das letzte Wort sein darf.
Seine letzte Verdichtung erfährt dieses Hoffen des Menschen in der christlichen Botschaft von Ostern. Da wird das Grab wahrhaft zum Ort der Verwandlung, da befruchtet Gottes Geist das menschliche Weinen und die Erde gibt den toten Jesus frei als den Auferweckten.

Daran schließt sich gut das zweite Verwandlungssymbol an, das Feuer. Ein Feuer läßt sich auslöschen, aber als Feuer ist es nicht zu begraben. Es glimmt weiter unter der Asche und kann wieder entfacht werden. Israel hat bei einer seiner vielen Niederlagen das heilige Feuer des Tempels vergraben und nach der Zeit der Bedrängnis wieder entfacht. So ist auch die menschliche Hoffnung wie ein Feuer, das nicht ausgelöscht werden kann und darf. In uns leben Bilder des Vertrauens und des Neuaufgangs, die sich durch alle unsere Not und Tränen immer wieder emporarbeiten.
Genauso ist Gott nicht zu begraben. Der tote Gottessohn kann nicht im Grab bleiben. In ihm ist das Feuer der Liebe Gottes vergraben und aufersteht mit ihm am dritten Tag. Das ist die Kunde von Ostern, die so unsere menschliche Hoffnung in ihr Recht einsetzt und unterschreibt. Der Umgang mit den Symbolen von Erde, Steinen und vergrabenem Feuer will in den beiden folgenden Einheiten etwas davon erfahrbar machen.

PAULUS-THOMAS WEBER

Karfreitag: Umwandlung im Dunkel der Erde

Vorbereitung

- Für diese Einheit wird in der Mitte des Raumes ein »Erdfeld« benötigt. Dazu muß man den Boden mit einer starken Folie abdecken und darauf Erde legen (evtl. Blumenerde). Es kann so groß gestaltet werden, wie man es möchte.
- Außerdem wird noch pro Person ein Stein gebraucht. Es sollen ganz einfache, ungleiche Feldsteine sein, keine Bausteine.
- Stifte, Zettel, Briefumschläge, Papier.
- Diaprojektor – Möglichkeit zum Verdunkeln – Dias.

Plenum

Zeitbedarf: 15 Minuten

Vorstellen des Themas
Heute: Umwandlung im Dunkel der Erde
Morgen: Aufbruch zum Leben
Ostern: Auferstehung – neues Leben

Flüsternester (2 bis 4)

10 Minuten

Frage: »Was löst das Thema bei mir aus (Assoziationen, Gefühle)?«

Hinführung zum »Begraben«

15 Minuten

Begraben geschieht aus dem Vertrauen auf Umwandlung, das Absterben des Alten kann lebensrettend sein. Wir ersticken sonst in Wucherungen, Schlingpflanzen usw. Die Erde als Grab und als Schoß von Neugeburt. So geschieht bewußtes Umgehen mit dem Tod, dem Untergang im Wissen um die verwandelnde Kraft der Erde und des Lebens. Das bedeutet: Leben selbst zu gestalten, keine Angst vor dem Dunkel zu haben.

Einzelarbeit

45 Minuten

Frage: »Was möchte ich begraben, wovon möchte ich frei werden, mich befreien, mich lösen, was möchte ich von meinem Leben loswerden?«

Jede/r Teilnehmer/in soll sich dazu eine 3/4 Stunde Zeit nehmen zur Einzelarbeit und diese Frage für sich überlegen sowie die Überlegungen in einem Brief festhalten. Jede/r Teilnehmer/in erhält ein Briefblatt und einen Umschlag (jede/r soll sich Zeit lassen, spazieren gehen, sich in sein/ihr Zimmer zurückziehen). Anschließend Möglichkeit zum Austausch zu zweit oder zu dritt.

Zeitbedarf: 15 Minuten

Pause

Plenum

15 Minuten
- Das Erdfeld in der Mitte bauen. Mit den Leuten beginnen, wenn sie aus der Einzelarbeit langsam ankommen.
  Deutung:
  Das Erdfeld ist ein Ort der Verwandlung. Die Steine stehen für die menschliche Erfahrung des Absoluten, des Gültigen, das (wie die Toten) Präsenz und Entzug gleichzeitig ist. In der Jungsteinzeit wurden Steine in Kreisen oder auf Feldern aufgestellt als Symbole gültigen Lebens, gelebter Ewigkeit und Hoffnung.

15 Minuten
- Jede/r Teilnehmer/in erhält dann einen Stein.
  Diese Steine stellen wir im Kreis um das Erdfeld und begraben unseren geschriebenen Brief unter dem Stein.

5 Minuten
- Stille zur Aufnahme dieses »Bildes«, das sich jetzt in der Kreismitte zeigt. Es soll Zeit bleiben, diese Mitte in sich aufzunehmen und wirken zu lassen.
  Deutung:
  Das Erdfeld und was da begraben ist, die Briefe, darüber die Steine, umstehen alle eine Mitte: Die Erwartung von Verwandlung, von Auferstehung, von Ostern, von Erblühen. So ist dieser »Ort« ein Durchgang, Durchgang durch das Dunkel der Erde.

15 Minuten
- Wir tanzen den Durchgang und die Hoffnung mit einem einfachen Kreistanz zum Abschluß.
  Wenn kein Tanz eingebracht werden kann, dann wiegen sich alle gemeinsam zu einer ruhigen Meditationsmusik. Dazu stellen sich alle im Kreis um das Erdfeld, legen sich gegenseitig die Hände auf die Schultern. Alle stehen mit dem Gesicht zur Kreismitte und können sich ganz sanft zur Musik miteinander wiegen.

Karsamstag: Vergrabenes Feuer

Vorbereitung

- Indio-Musik, ein Gerät zum Abspielen.
- Das Erdfeld vom Karfreitag liegt noch in der Mitte.
- Große Zeichenblätter, Farbstifte ausreichend für alle.
- Ruhige Meditationsmusik.

Körperübung

Zeitbedarf: 10 Minuten

Zum Einstieg einen »Fuß-Tanz« nach Indio-Musik. Dazu sollen sich alle bequem hinstellen, die Schuhe ausziehen und mit den Füßen den Kontakt zur Erde aufnehmen, mit ihr »sprechen«, auf ihr »trommeln«, sie »bitten« oder auch »massieren«. All das können die Füße ausdrücken. Diese Übung vorstellen und erklären.
Zum Abschluß die Musik leiser drehen und die Teilnehmer/innen auffordern, in den Bewegungen immer ruhiger zu werden, damit ein sanfter Ausklang möglich ist.

Einführung in das Thema

10 Minuten

Anknüpfen an die Erfahrungen des Vortags; es ging darum, die »Um-Wandlung im Dunkel der Erde« zu erfahren. Die Teilnehmer/innen haben sich mit der Frage beschäftigt, was sie in ihrem Leben absterben lassen und begraben haben möchten und das auch mit den Steinen schwer in die Erde gelegt.
Dabei kann es nicht bleiben. Was begraben wurde, ist nicht einfach verschwunden, sondern kommt in einer anderen Gestalt wieder zum Vorschein. Es wird dabei das Bild vom »vergrabenen Feuer« verwendet, das entdeckt werden will. Es geht um die Frage, was unter dem, was ich (vielleicht schon lange) begraben habe, schon langsam wieder aufkeimt, wächst oder gar blüht.

Imagination

20 Minuten

Zu dieser Übung läuft eine ruhige Meditationsmusik. Die Teilnehmer/innen werden aufgefordert, eine bequeme Haltung einzunehmen, die Augen zu schließen und zur

Ruhe zu kommen, indem sie auf ihren Atemrhythmus achten. Sie werden dann langsam hingeführt, das Bild ihrer Erde vor sich zu sehen, anzuschauen, dabei zu verweilen und zu erkennen, was sie bereits begraben haben in dieser Erde, was vielleicht schon lange da liegt oder erst in der letzten Zeit hier unter die Erde versteckt wurde.
Dann vorstellen, daß vor meinen Augen Verwandlung geschieht. Neues erblüht aus diesen alten vergrabenen Dingen unter der Erde: Farben, Formen, Ideen, ...
Dabei verweilen und die Bilder, die sich zeigen, intensiv anschauen, sich dann von ihnen verabschieden (die Teilnehmer/innen langsam wieder zurückholen).

Zeitbedarf: 30 Minuten

Einzelarbeit

Nach dieser Imaginationsübung werden die Teilnehmer/innen aufgefordert, ihre gesehenen Bilder zu malen und für sich festzuhalten. Dazu stehen große Zeichenblätter und viele bunte Stifte oder Farben bereit.

15 Minuten

Pause

30 Minuten

Kleingruppenarbeit

Austausch zu den Bildern: Sich die Bilder gegenseitig erklären und deuten, davon erzählen, was die Bilder von meinem Leben zeigen und was sie bedeuten.

15 Minuten

Plenum

Das »Bild« in der Mitte mit dem Visionssteinkreis auf dem Erdfeld liegt noch von gestern.
In der Karfreitagsliturgie wurden Balken verbrannt, das Feuer, die Asche vergraben (das kann auch jetzt geschehen, wenn es nicht in der Liturgie am Karfreitag bereits erfolgt ist).
»Aus diesem vergrabenen Feuer wird das Osterfeuer seine Kraft holen. Deshalb haben wir Grund, uns daran zu erfreuen; die Erde lebt, die Gräber blühen, wir können unser Erdfeld schmücken mit unseren Farbbildern.«

Nacheinander legen die Teilnehmer/innen ihre Bilder zum Erdfeld.

Vorausschau:
»Der Visionskonsens aller ist Ostern. Es ist Aufgang aus dem Untergang, Vertrauen in die Neugeburt aus dem Nullpunkt.
Jedes Leben ist unendlich kostbar, jede Träne geborgen, Menschsein unbesiegbar. – Das muß die Botschaft von Ostern sein.
Die Umwandlung im Dunkel der Erde kommt so zur Frucht: Vergrabenes Feuer. Daher sind wir unterwegs zum Osterfeuer in dieser Nacht.«

Abschluß

Zeitbedarf: 15 Minuten

In Form eines »Blitzlichtes« bringen alle Teilnehmer/innen zum Ausdruck, wie sie sich momentan fühlen, wie ihre Stimmung ist.
Das kann eine langsame Abschlußmitteilung werden, bei der nach jedem Beitrag ein kurzer Moment der Stille eingehalten wird, um mitzufühlen, was einzelne erleben; keine Diskussion über die verschiedenen Äußerungen.

3. Unser Glaube in der Verwandlung (Karfreitag) – Dem Gott der Osternacht glauben: Uns selbst als neue Kirche aus dem Taufbad heben (Karsamstag)

Der Glaube von uns heutigen Menschen ist in vielfacher Hinsicht angefragt, herausgefordert. Wir erleben Umbrüche auf verschiedenen Ebenen: politisch, wirtschaftlich, kulturell, spirituell usw. Unser Glaube muß auf diese neuen Situationen antworten und doch seine uralte Kunde weitertragen genau in unsere heutige Zeit hinein.
In der Mitte der christlichen Religion selbst steht das Geheimnis der Verwandlung, und zwar von ihrem innersten Ereignis her, von Ostern her. Der Kern des Glaubens beinhaltet Verwandlung, daß aus Untergang das Leben neu ersteht, daß der Gekreuzigte als Auferstandener aus dem Grab hervortritt, daß eine resignierte und müde Jünger(innen)schar sich auf einmal geistvoll und wortgewaltig zu dem gekreuzigten Christus bekennt und sagt,

er sei erschienen. Der christliche Glaube selbst ist Verwandlung. So kann er sich getrost in die Verwandlung begeben. So wird Christentum beim Wort, beim Wort von Ostern genommen.
Das gilt dann auch von der Kirche, der Gemeinschaft der Glaubenden. Auch sie muß das Sakrament an sich vollziehen, das sie zu Recht an den Anfang des Glaubensweges gestellt hat, die Taufe. Kirche darf »untergehen« in den Wassern der Verwandlung, weiß sie doch, daß es Gottes Geist ist, der auferweckt, daß Taufe bedeutet, mit Christus zu sterben, um mit ihm auch zu leben. Viele Male hat sich Kirche in der Geschichte schon verwandeln, hat sich taufen lassen müssen. Den Mut zu dieser Todestaufe gibt allein das Vertrauen auf die Macht des Übergangs, die in der Taufe ebenso wirkt wie in ihrem Urbild, der Osternacht. Das bedeutet, dem Gott der Osternacht zu glauben, dem Gott Jesu Christi zu glauben.
Nun ist aber diese zu taufende Kirche nicht etwas Fremdes. Wir selbst sollen diese Kirche sein als die Gemeinschaft der Glaubenden. So gilt es, uns selbst zu erneuern durch die symbolreiche Feier von Ostern. Es gilt, uns selbst als neue Kirche aus dem Taufbrunnen zu heben und unseren Weg in der heutigen Welt zu gehen mit der Osterkunde im Herzen und im Mund.

PAULUS-THOMAS WEBER

Karfreitag: Unser Glaube in der Verwandlung

Vorbereitung

- Gesammelte Fotos, Bilder, Zeitungsbilder, die verschiedene Situationen des Lebens darstellen, Leben spiegeln.
- Plakate, Stifte.
- Die Texte von Psalm 3; 5; 8; 13; 16; 22; 23; 32; 38,1–15; 85; 88 in Kopie für alle.
- Ein Wasserbecken.
- Ein möglichst großes schwarzes Tuch.
- Steine.

- Dunkle und helle Zettel.
- Eine Ausgabe des Neuen Testaments.
- Musik.

Zeitbedarf:
15 Minuten

Einstieg

Ein Tanz entsprechend der eigenen Möglichkeiten. Mit diesem Tanz soll eine erste Verbindung unter den Teilnehmer/innen hergestellt werden.

15 Minuten

Einführung in Ablauf und Thema

Vorstellen des Ablaufs am Vormittag.
Einführung in das Thema:
Umbruch ist in unserem christlichen Glauben enthalten. Der Karfreitag ist der Tag des radikalen Umbruchs, vom Tod zum Leben.
Die Taufe ist das Sakrament von Untergang und Auferstehung. Diese Taufe ist eine persönliche Erfahrung für uns alle, aber ebenso muß sie innerhalb unserer Kirche erfahrbar werden. Eigene Erfahrungen des Leiters/der Leiterin dazu einfügen, wo Untergang und Auferstehung erlebt wird sowohl im eigenen Leben als auch in bezug auf Kirche.
Leben aus diesem Bewußtsein bedeutet, das Leben als Prozeß zu verstehen, indem sich ständig Neues ereignet.
Unter drei Aspekten wird das beleuchtet:

- Ich auf dem Glaubensweg
- Wir als Kirche, Gemeinschaft
- Gottesbilder

10 Minuten

Markt

Im Raum sind die verschiedenen Texte und Bilder ausgebreitet. Die Teilnehmer/innen werden aufgefordert, sich diese anzuschauen. Es sind die eigenen Erfahrungen, die sich in den ausgelegten Texten und Bildern spiegeln. Die Teilnehmer/innen können auswählen, welchen der oben genannten drei Aspekte sie im folgenden näher anschauen möchten. Sie können aus folgenden Angeboten wählen:

- Einzelarbeit:
  Gelebtes Leben ansehen, mit den Fotos, Bildern, Zeitungsbildern als Impuls.
  Fragen:
  Wo finde ich mich wieder?
  Was spiegeln mir diese Bilder von meinem Leben als Glaubende/r?
- Kleingruppenarbeit:
  Kirche – eigene Erfahrungen damit. Was ist alt, überkommen, was will ich weitergeben, was ist lohnend?
  Anregung dazu gibt ein Plakat mit einer Kirche darauf und verschiedenen provokanten Sätzen zum Thema Kirche.
- Einzelarbeit:
  Gottesbilder – Welche Bilder habe ich, welche werden mir präsentiert; welche sind behindernd für mich, welche sind lebensfördernd?
  Als Anregung dazu die oben genannten Psalmtexte; sie sind Gebete des Alten Bundes und drücken unterschiedliche Gottesbilder aus.

Alle beschäftigen sich mit der gestellten Aufgabe, das heißt, es wird parallel an verschiedenen Aspekten gearbeitet.

Zeitbedarf: 30 Minuten

Einzelarbeit

20 Minuten

Jede/r Teilnehmer/in erhält dann ein großes dunkles Papier und ein kleines helles Papier.
Auf das dunkle Papier soll die Not geschrieben werden, was bedrückt, auf das helle Papier, was Leben fördert, was die eigene Vision ist, die weiterträgt.

Plenum

30 Minuten

Ein Wasserbecken steht in der Mitte, daneben liegt ein großes schwarzes Tuch, an dessen Rand ein Haufen Steine.
Vorlesen der Zettel; dabei wird aus den Steinen und den dunklen Zetteln ein Trümmerhaufen auf dem Tuch gebaut. Die hellen Zettel werden am Rand unter dem Tuch vergraben.
»Wir wollen den Untergang ernst nehmen. Christentum hat

die Botschaft vom Untergang, der aber nicht im Tod bleibt.«
Aus dem schwarzen Tuch wird ein Buch gezogen, das Neue Testament. Ermutigungstexte daraus werden vorgelesen: Röm 6,3–5; 1 Kor 15,42–49.
»Wir wollen Christentum beim Wort nehmen. Kirche muß sich taufen lassen, wir vertrauen auf die Verwandlung. In den Texten liegt eine Vision von Leben als Ermutigung für den Durchgang.«
Einzeln stehen die Teilnehmer/innen auf und legen je einen Stein in das Wasser. Dazu sagen sie, was sie ins Taufwasser an Altem, Verfallenen hineingeben und auf welche neuen Früchte von Kirche, von Glauben sie hoffen.

Zeitbedarf: 10 Minuten

Abschluß

Tanz um das Wasserbecken

Karsamstag: Dem Gott der Osternacht glauben: Uns selbst als neue Kirche aus dem Taufbad heben

Vorbereitung

- Das Wasserbecken mit den vergrabenen Texten und Steinen liegt da vom Vortag.
- Farbige Tücher.
- Genügend große Fladenbrote.
- Impulstexte ausreichend kopiert (siehe unten).
- Meditationsmusik.

15 Minuten

Einführung

Vorstellen des Themas und des Ablaufs:
»Sammelt die Bruchstücke« – das ist zunächst die Aufforderung. Die Bruchstücke unseres Tuns von gestern liegen in der Mitte. Aus dem schwarzen Tuch werden die

kleinen hellen Zettel ausgegraben und nacheinander von Teilnehmer/innen vorgelesen.
Als letztes wird aus dem Tuch auch das Neue Testament ausgegraben, die Vision des Christentums: Lk 24,13–35. Dem Gott der Osternacht zu glauben heißt auch daran glauben, daß der Auferstandene heute mit uns geht.

Plenum *15 Minuten*

Die Steine werden aus dem Wasser gehoben:
Wir heben uns selbst als neue Kirche aus dem Taufbad. Aus den Steinen wird neben dem Wasserbecken auf farbigen großen Tüchern ein Steinkreis gelegt.
Beim Hinlegen sagen die Teilnehmer/innen, welche Hoffnung sie mit ihrem Stein für die neue Kirche verbinden.

Alle setzen sich in den Steinkreis.
»Wir sind die neue Kirche, die aus dem Oster-Taufbad kommt. Wir sind miteinander auf dem Weg, wie Jesus mit den Jüngern in Lk 24. Wir verbinden uns mit großen Menschen, die uns in unserem Jahrhundert Mut machen. Es sind Menschen, die wir zum Teil kennen: Mutter Teresa, Ruth C. Cohn, Matthew Fox und andere. Hören wir uns an, wie sie die Kirche sehen und überdenken wir ihre Sicht.«

Eine nach der anderen Person wird mit dem entsprechenden Impulstext (siehe unten) vorgestellt, dazwischen jeweils eine kurze Stille. Die vorgestellten Menschen stehen als Ermutigung für unseren Glauben, für neue Wege der Gotteserfahrung. *20 Minuten*

Daran knüpfen sich im Gespräch die Erfahrungen der Gruppe an, Erfahrungen von Kirche, Glauben, Leben. Diese Gespräche sollen bewußt innerhalb des Steinkreises unter den Teilnehmer/innen stattfinden. Die Impulstexte werden dazu jetzt verteilt. *45 Minuten*
Wenn die Gespräche unter den Teilnehmer/innen in kleinen Gruppen gut laufen, ist es von seiten der Leitung nicht notwendig, den Prozeß zu lenken. Wenn sich allerdings einzelne nicht in ein Gespräch einbringen können, sollte die Leitung die Gespräche unterbrechen mit der

Aufforderung, sich innerhalb des Kreises neue Partner/innen zu suchen.

Zeitbedarf: 20 Minuten

Abschluß

»Jesus selbst ist auf dem Weg mit uns. Er ist der Garant der Auferstehung aus allen unseren Toden. Wir erinnern uns mit dem Text des Evangeliums aus Lk 24: Im Mahl wird er erkannt.«
Der Text wird vorgelesen, danach wird Brot geteilt und alle Teilnehmer/innen essen von diesem gebrochenen Brot, während Musik im Hintergrund spielt.
»Wir feiern das Mahl der neuen Kirche, in der Jesus mit auf dem Weg ist.«

Impulstexte

BEDE GRIFFITHS

Wir haben die Mitte verloren und müssen zu ihr zurückkehren: Die mystische Erfahrung Gottes in allem, was lebt.
Auch die Religionen tragen zur Spaltung der Welt bei. Sie brauchen einander und sollen lernen, sich in einem Punkt zu treffen und zu umarmen.

MUTTER TERESA

In jedem Kind den Christus lieben und erkennen.
In jeder Not den Durst Gottes/Jesu nach unserer Liebe beantworten.

RUTH C. COHN

Der Mensch kann vielleicht eine Zeit lang ohne Religion leben, nicht aber ohne Ethik. Liebe und Ehrfurcht gilt allem Lebendigen.
Im Innersten gibt es einen Ort, wo ich mich verneige das verbindet mich mit allen Menschen, ja jedem Wesen. Deshalb habe ich Verantwortung für diese Erde. Ich nenne es *das* innere Jenseits.

Der Mensch wurde zuerst gläubig aus Schwäche, dann wurde er ungläubig aus Stärke. Ich warte auf den Tag, da er gläubig sein wird aus Stärke.

MATTHEW FOX

Denn was ist Gott, wenn nicht das Schöpferische? Da wir Ebenbilder Gottes sind, besteht unser Hineinwachsen in dieses Bild ... darin, daß wir immer herrlicher zu Gebärern und Schöpferinnen werden wie Gott. Wir müssen die Wahrheit über uns als Mitwirkende Gottes annehmen.

SIMONE WEIL

Sich solidarisieren mit der oft unmenschlich harten Arbeit in der Fabrik; gottvergessend. Das ist Kontemplation.
An der Schwelle stehen bleiben vor der Kirche, in der Nicht-Identifikation, um so identisch zu werden mit sich selbst.

PIERRE TEILHARD DE CHARDIN

Ich lebe inmitten eines einzigen Elementes, personale Liebe und kosmische Kraft.
Wir alle werden um so mehr wir selbst, als wir mit allem der andere werden, der kosmische Christus, der Evolutor, der alles eint und als höchstes Zentrum heiligt.

HUGO M. ENOMIYA-LASSALLE

Wir stehen in einem großen menschheitlichen Umbruch, der so vielleicht einmalig bisher ist. Es geht um Überwindung des allein Rationalen, um Integration unserer menschlichen Geschichte. Das betrifft auch die Religionen.
Der neue Mensch könnte gezeichnet sein von Unvoreingenommenheit, Freiheit und Freude.

KARL RAHNER

Im Grunde unserer Seele gibt es ein Ahnen um das »heilige schweigende Geheimnis«, in dem wir weiselos wurzeln, beheimatet im Unendlichen.
Im Mensch gewordenen Gott, Jesus, dem Christus, finden der gottsuchende Mensch und der menschensehende Gott zusammen eine Gestalt.

OLIVER MESSIAEN

Ich will in meiner Musik die Berührung mit allen Dingen wagen, dem Gesang der Vögel und dem Ton der Sterne, ohne jemals die Berührung mit Gott zu verlassen.
Das soll allen hörbar werden.

CARTER HEYWARD

Gott ist es, die zwischen uns Brücken baut, sie liebt, lockt uns, in Beziehung zu treten miteinander, mehr und mehr.
So bildet Gott das Netz, das allein Leben bedeutet, das von Liebe und Beziehungen geknüpft ist.

4. Teile mit mir dein Leben (Karfreitag) – Erzähle mir von deiner Hoffnung (Karsamstag)

Wo Menschen alleingelassen sind mit ihrem Leben, da kann es leicht verdorren. Wir Menschen brauchen einander so notwendig wie die Blumen das Wasser. Wir brauchen es, das Leben miteinander zu teilen. Anteil aneinander zu nehmen, zu entdecken, daß andere ähnliche Erlebnisse, ähnliche Trauer und ähnliche Freude haben, das befruchtet das eigene Leben. Wo Menschen Leben miteinander teilen, da wird es nicht weniger, sondern mehr, reicher.

Insbesondere gilt das vom Glaubensleben. Das christliche Leben ist von seiner Wurzel her auf Gemeinschaft hin angelegt, stand doch am Anfang eine Gemeinschaft von Nachfolgenden, die begeistert waren von der Botschaft des Jesus von Nazaret. So kommt der Glaube erst in seine Bestimmung, wo wir aus den einsamen Türmen der Fremdheit heraustreten und miteinander den Glauben teilen, auf daß er reicher und weiter werde in uns.

Gerade heute, in einer Zeit vielfacher Verunsicherungen, aber auch neuer Herausforderungen, bedarf der einzelne Mensch der Gemeinschaft mit denen, die sich mit ihm vom Geheimnis des Glaubens beflügeln lassen.

So erhebt sich aus dem geteilten Leben die Bitte: »Erzähle mir von deiner Hoffnung.« Wenn wir wissen, warum und wofür der andere hofft, können wir ihm eher beistehen, wird auch unsere Hoffnung neu befruchtet. So ist dieses Teilen ein österliches Geschehen, das uns aus den Gräbern der Einsamkeit herausruft in das Licht der Gemeinschaft, die aus der Osterhoffnung lebt wie aus einer Quelle.

PAULUS-THOMAS WEBER

Karfreitag: Teile mit mir dein Leben

Vorbereitung

- Stühle zum Kreis stellen, in die Mitte ein Tuch, eine Bibel, ein Kreuz legen.
- Plakate und Stifte.
- Meditationsmusik.
- Möglichst viele Bilder, auf denen Menschen in unterschiedlichsten Situationen dargestellt sind. (Dazu bieten sich alte Kalender an.)
- Schrifttext Mt 25,31–46 (Vom Weltgericht) für alle kopieren.

Zeitbedarf: 10 Minuten

Einstieg

Eine Atementspannung im Sitzen. Die Teilnehmer/innen sollen damit zur Ruhe kommen, die Möglichkeit haben, sich zu sammeln und zu öffnen.

20 Minuten

Brainstorming zum Begriff »Teilen«

In der Kreismitte liegt ein großes Plakat, auf dem »Teilen« steht. Dieses Wort ist der Impuls, die eigenen Gedanken dazu im Kreis mitzuteilen.
Die Teilnehmer/innen werden aufgefordert, all das auszusprechen, was ihnen zu diesem Begriff einfällt. Jemand schreibt die genannten Dinge auf das Plakat.

45 Minuten

Bildersprache

Situationen aus dem Leben sollen eingebracht werden, in denen man selbst oder andere Anteil am Leben brauchen. Dazu wird eine Auswahl von Bildern in die Kreismitte gelegt. Es sollen möglichst viele Bilder sein. Die Teilnehmer/innen werden aufgefordert, sich in Ruhe die Bilder anzuschauen. Danach wählen sich alle das Bild aus, das sie jeweils am meisten anspricht.
Wenn alle ein Bild gewählt haben, bleibt noch ein Moment Zeit, um sich mit dem gewählten Bild zu

beschäftigen und die Beziehung zum eigenen Leben herzustellen.
Im letzten Schritt werden nacheinander die Bilder vorgestellt und der Bezug zur eigenen Person mitgeteilt.

»Bibelteilen«

Zeitbedarf: 60 Minuten

Bibelteilen ist ein Weg, um sich mit einer Stelle aus der Bibel in einer Gruppe lebendig und persönlich auszutauschen. Es ist eine Sieben-Schritte-Meditation, die erstmals in den kleinen christlichen Gemeinschaften in Afrika praktiziert wurde.
Die Aufgabe der Gesprächsleitung ist, in die einzelnen Schritte einzuführen. Dies soll immer erst dann erfolgen, wenn genügend Zeit für den jeweiligen vorherigen Schritt war. Das richtige Gefühl dafür ergibt sich im Tun.

Die 7 Schritte:

1. Wir laden den Herrn ein und öffnen uns für seine Gegenwart mit einem Lied oder Gebet.
2. Wir lesen den Text Mt 25,31–46.
3. Wir verweilen beim Text: Einzelne Worte oder Sätze, die besonders wichtig wurden, werden vorgelesen.
4. Wir schweigen.
   Im Schweigen, in der Stille kann Gott zu uns sprechen.
5. Wir teilen uns mit, was uns berührt und angesprochen hat. Die Beiträge werden nicht diskutiert.
6. Handeln
   Wir fragen nach dem Bezug zum eigenen Leben. Wo gibt es Verbindungen, wo kann für uns konkret werden, was wir aus dem Text für unser Leben heraushören. (Rückbesinnung auf das, was in der »Bildersprache« benannt wurde.)
7. Abschluß
   Mit einem freien Gebet, einer Fürbitte oder einem Lied wird diese Meditation abgeschlossen.
   Mögliche Lieder:
   Selig seid Ihr (Troubadour Nr. 146), oder:
   Brich mit den Hungrigen (Troubadour Nr. 535)

Beitrag für den Gottesdienst

Die Bilder können für den Gottesdienst um das Kreuz gelegt werden; die Teilnehmer/innen können Bitten formulieren, die sie einbringen. An diesem Punkt gemeinsam überlegen, was aus dieser Einheit in den Gemeindegottesdienst eingebracht werden kann.

Karsamstag: Erzähl mir von deiner Hoffnung

Vorbereitung

- Die Kreismitte gestalten mit einem Tuch, einer Vase mit grünem Zweig, einer Kerze.
- Meditationsmusik.
- Bild der afrikanischen »Schnitzsäule« mit Text für alle (zu beziehen bei: Evangelisches Missionswerk e.V., Vogelsangstr. 62, 70197 Stuttgart).
- Zettel, Stifte.
- Folgende Schriftstellen einzeln möglichst groß jeweils auf Blätter kopiert: Mt 6,25–34; Mt 25,31–46; Lk 1,78f.; Psalm 23, ebenso den Text »Hoffen« (siehe unten).

Einstieg

Zeitbedarf: 10 Minuten

Eine Entspannungsübung, damit die Teilnehmer/innen ankommen können, ruhig werden.

Bildbetrachtung

30 Minuten

Alle Teilnehmer/innen erhalten ein Bild der afrikanischen Schnitzsäule. Sie werden aufgefordert sich das Bild zuerst intensiv anzuschauen, dann auch den Text zu lesen. Dann folgt die Bildbetrachtung »In Bewegung geraten:«

»Wir sehen eine Säule in der Art traditioneller afrikanischer Türpfosten. Angefertigt wurde sie von einem afrikanischen Bauern in Kamerun. Er hat sie aus einem Stamm geschnitzt.
Solche Säulen werden oft reliefartig, meist aber vollfigürlich mit menschlichen Figuren herausgearbeitet. Alle Motive stehen mit dem Kult der Naturreligionen in Verbindung. Sie symbolisieren den Ursprung und Sinn des Lebens, der sich in der Kommunikation mit den lebensspendenden Ahnen manifestiert.
Betrachten wir die Figuren dieser Säule:
Drei Menschen-Gestalten aus einem Stamm geschnitzt, miteinander verbunden, aber dennoch jede für sich.

Betrachten wir zunächst die beiden Figuren oben und unten: Sie wirken starr und unbeweglich, blicken mit weit aufgerissenen Augen geradeaus. Ist es Angst oder Ungewißheit, die aus den Augen spricht, oder sind die fast runden Augen lediglich ein Stilelement?Die Kultgeräte (Stiermaske und Trinkhorn) in ihren Händen spielen eine entscheidende Rolle. Sie sind es, die den starren Figuren Persönlichkeit verleihen. Ihr Leben löst sich erst aus der Starre, wenn Maske und Horn in Betätigung treten. Der einzelne ist nichts für sich selbst. Sein Leben hat erst Sinn und Wesentlichkeit, wenn es für den Stamm, für die Gemeinschaft gelebt ist. Dies geschieht wiederum durch die ständige Verbindung mit den Ahnen, den Lebenspendern. Ohne die Verbindung zu ihnen bleibt der Mensch wesenlos, starr, tot.
Die Gestalt in der Mitte ist in Bewegung. Im Profil kommt die nachdenklich überlegene Haltung zum Ausdruck. Aus gleichem Holz, vom gleichen Stamm ist sie. Sie verläßt die starre Form. Behutsam und ungewohnt tasten ihre Schritte nach vorn. Ihre Hände tragen keine Kultgeräte, sie sind frei und geöffnet.
Das Gesicht wendet sich ab von dem, was die beiden anderen Figuren betrachten. Die Starre hat den Körper verlassen, alles ist bewegt und hat ein Ziel, eine Richtung erhalten. Etwas von außen scheint ihm diese Richtung, dieses Ziel zu geben. Das Gesicht und seine halb nach oben gewandte Haltung lassen dies erahnen. Besonders stark drückt sich in dem Gesicht ein konzentriertes Lauschen auf einen, der ruft, aus. Alles Leiden, alles Zukurzgekommensein, scheint hineingenommen zu sein in eine große Ruhe, die in der Erwartung dessen ist, der das Ziel ist.«

Die Teilnehmer/innen jetzt einladen, eigene Gedanken und Entdeckungen beim Betrachten des Bildes zu äußern.

»Der Künstler dieser Säule sagt über die Darstellung der Mittelfigur: ›So ist es, wenn einer Christ, ein neuer Mensch wird‹. Der neue Mensch steht nicht – er geht. Er gerät in Bewegung, denn: Er hat ein Ziel, eine Hoffnung, über den Tod hinaus.«

Meditationsmusik einspielen.

»Ostern ist ein Fest, wo etwas in Bewegung gerät, was vorher wie tot schien. In seiner Auferstehung macht uns Jesus klar: Das Leben geht weiter, der Tod ist nicht das Ende. Alles wird neu, alles wird anders. Als österliche Menschen werden wir neu in und mit Jesus. Da bewegt sich was, da bricht etwas auf, aus der Hoffnung aus dem festen Glauben an unsere eigene Auferstehung.«

PETER LANGER

Hoffnungstexte

Zeitbedarf: 20 Minuten

»Diese Säule fordert auch uns auf, in Bewegung zu kommen, aufzustehen. Die Hoffnung, die mit dieser Schnitzerei zum Ausdruck kommt, soll auch uns erfassen. Unsere Hoffnung braucht aber auch eine Grundlage. Wir finden diese in verschiedenen Texten der Bibel.«
Nacheinander werden die oben angegebenen Texte vorgelesen und an verschiedenen Stellen im Raum aufgehängt. Alle Teilnehmer/innen gehen im Raum umher, dies soll den Aufbruch ausdrücken, die Bewegung, die in uns steckt. Die Texte sollen dabei nochmal gelesen werden, dann wählen sich alle »ihren« Text aus:

- der meine Hoffungen ausdrückt,
- der mir Hoffnung macht,
- der micht bewegt,
- der mein Leben verändern kann.

Die Teilnehmer/innen stellen sich zum gewählten Text. Damit ergibt sich die Bildung von Kleingruppen.

Hoffnung teilen

45 Minuten

In der Kleingruppe erzählen wir uns von unseren Hoffnungen, teilen sie miteinander, teilen sie mit. Es soll ein Austausch der Gedanken zu den gewählten Texten stattfinden und dabei der Bezug zum eigenen Leben hergestellt werden.
Zum Abschluß dieser Gruppenarbeit notiert sich jede/r Teilnehmer/in einen Gedanken, der dem eigenen Leben Hoffnung gibt.

20 Minuten

Hoffnung mitteilen

Alle Teilnehmer/innen treffen sich wieder im Plenum. Dort werden die Hoffnungsgedanken nacheinander vorgelesen und die Zettel in die Kreismitte gelegt.
Zum Abschluß ein gemeinsames Lied singen, z. B. Du, Herr, gibst unsrer Hoffnung Kraft (Troubadour Nr. 187).

Text

Hoffen

Hoffen ist ein tragendes Wort, das
in das Morgen hinweist; von einer
Mutter, die in ihrem Schoß ein
neues Leben trägt, sagen wir: »Sie ist
in der Hoffnung«.
Hoffende Menschen sind tragfähige
Menschen.

Hoffen ist ein mutiges Wort,
der hoffende Mensch weiß: »Ich darf den
Baum nicht nach der Rinde beurteilen«.
Ich nehme das Wagnis des Wachsens,
des »immer noch« in meinen
Augenblick hinein.
Hoffende Menschen sind mutige
Menschen.

Hoffen ist ein göttliches Wort, die
Ähren bricht kein Sturm, weil sie
biegsam sind.
Hoffende Menschen sind biegsam,
darum zerbrechen sie nicht; sie
vertrauen auf das Wunder der leeren
Hände, darum sind hoffende
Menschen ein Zeichen Gottes.

Aus: Fritz Schmid/ Robert Wyss, Hoffnung, rex-Verlag, Luzern 1980.

III. Bausteine für Gottesdienste

Vorbemerkungen

• *zu den Liedern*

Die Mehrzahl der Lieder, die wir verwenden, sind im Liederbuch *Troubadour für Gott* (Herausgeber: Kolping-Bildungswerk Diözesanverband Würzburg e.V., 2. Auflage 1991) abgedruckt; Bestelladresse: Kolpingwerk Diözesanverband Würzburg, Kürschnerhof 2, 97070 Würzburg.
Die angegebenen Lieder sind nur als Anhaltspunkte gedacht. Das Liedgut von Gemeinden oder Gruppen ist so unterschiedlich, daß es jeweils selbst zusammengestellt werden muß. Ziel dabei ist, den Teilnehmer(inne)n bekannte Lieder auszuwählen, damit gemeinsames Singen möglich ist.

• *zu den Tänzen*

Wir haben bei den Tänzen die von uns verwendete Musik und Schrittfolge nicht angegeben. Das Angebot von geeigneten Musikstücken ist inzwischen so groß und vielfältig, daß bei der Umsetzung auf vorhandenes Material zurückgegriffen werden kann. Die Schritte dazu ergeben sich in der Regel aus der Musik.

• *zu den Gottesdienstabläufen*

Bei den folgenden Abläufen der liturgischen Feiern wird meist die jeweilige Gruppenarbeit zum entsprechenden Inhalt vorausgesetzt. Wenn in der Gemeinde oder Gruppe andere Ergebnisse vorliegen, sind natürlich diese einzubringen. Die Gottesdienste sind in ihren Abläufen auch nicht in jedem Fall vollständig ausgearbeitet. Wichtig war es für uns, die Elemente vorzustellen, die gestaltet wurden.
Um die Abläufe zu übertragen ist die eigene Kreativität gefordert. Viele Elemente lassen sich als Bausteine verwenden.

1. am Gründonnerstag

Die Feier des Gründonnerstags ist der Einstieg in die heiligen drei Tage mit ihren großen Gottesdiensten. Sie ist gleichsam das Tor, das sich auftut, wo schon etwas von dem zu betretenden Land sichtbar, erfahrbar wird. Die Elemente der kommenden Ereignisse klingen bei dieser ersten Feier an wie in einer Ouvertüre. So erzählen die Texte und Symbole von der Not und der Bedrängnis, auch vom Tod und von der Dunkelheit des zu gehenden Weges. Zugleich aber ist da die Rede von der Hoffnung, dem neuen Leben, leuchtet Ostern in der Ferne auf. Das verdichtet sich dann besonders in die Feier des Mahles Jesu mit den Seinen. Dort wird Jesu Tod und Auferstehung gleichsam im voraus gefeiert und symbolisiert, Ouvertüre von Tod und Leben.

Im Zentrum der Feier des Gründonnerstags steht das Mahl. Aber nicht nur das neutestamentliche Mahl Jesu, auch dessen Vorbild, das alttestamentliche Paschamahl soll erinnert werden. Beide Mähler verbindet, daß sie vor dem Durchzug durch die Wasser des Todes gehalten werden. So sind es Stärkungsmähler, die uns Menschen Kraft geben sollen für die Wanderung. Es sind Ermutigungsmähler für die bevorstehende Verwandlung, die stets unsere menschliche Angst auslöst, weil wir nicht wissen, wohin der Weg führen wird. In diesem Kontext steht auch das Mahl in der Wüste, wo Gott gleichsam aus dem Offenbarungszelt heraus sein Volk im Land ohne Aussaat nährt und tränkt. Das Mahl soll Kraft für den Weg geben.

Die Ermutigung, die diese Mähler geben, will uns Menschen herausführen aus der alten Sicherheit. Es ist viel bequemer, in dem zu verharren, was schon immer war, auch wenn dabei unser wahres Menschsein zu kurz kommt. Dagegen geht die Feier des Gründonnerstags an. Sie will aufwecken aus dem Vergangenen, um mutig den Schritt in neues Land zu setzen. Der Aufbruch aus dem Alten ist stets eine Todeserfahrung; eine alte Welt geht unter, das bisher vertraute Leben verschwindet. Aber das ist der Preis, um das neue Leben empfangen zu können,

um mit Israel das gelobte Land zu betreten. So nur erfüllt sich die Verheißung jenes Gottes, der stets neu aus Ägypten herausführt und aus dem Tod hervorruft.
Gründonnerstag als Ouvertüre – da klingt auch die lebentragende Vision schon an, die Vision, daß der Tod eben nicht das letzte Wort hat, sondern daß jenseits der Todeswasser sich Ostern auftut. So lebt Israel von der Vision des versprochenen Landes, so geht Jesus in diese Nacht mit seiner Vision vom Reich Gottes, in dem er von neuem mit den Seinen Mahl halten wird. So gibt uns die Feier der Eucharistie an diesem Abend ihrer Geburt eine Vision von Ostern ins Herz. Visionen stärken für den zu gehenden Weg. Sie geben dem Dunkel einen Sinn, der die verschlingende Angst vor dem Untergang aufsprengt, den Blick schon in dieser Feier freigibt für das österliche Leben.

PAULUS-THOMAS WEBER

Bereit zum Aufbruch aus der alten Sicherheit

Vorbereitung

- Ein Zelt, das in der Mitte des Raumes aufgebaut ist. Dieses Zelt steht in Verbindung mit der Gruppenarbeit, die in II.1. beschrieben wird. Sollte diese Gruppenarbeit nicht stattfinden, empfiehlt sich eine andere Lösung, weil sonst das Symbol »Zelt« zu wenig gedeutet und aufgegriffen wird.
- Liederbücher oder Liedzettel.
- Für das 1. Mahl: Wasser und Mazzen;
  für das 2. Mahl: Fladenbrote und Wein.
  Diese Dinge stehen auf einem Tisch angerichtet bereit.
- Als Tischmusik ein ruhiges Musikstück.
- Eine Trommel.
- Je nach Möglichkeit ein paar große Schalen mit Erde, in die Kresse gesät wird, oder viele kleine Schälchen für alle.

Treffen im Gruppenraum

Eröffnung

Lied: Du hast uns, Herr, gerufen (Troubadour Nr. 207)

Liturgische Eröffnung

Begrüßung/Einstimmung:
Zeit haben mitzugehen, nachzugehen, vom Aufbruch aus Sicherheiten (Thema) – Ouvertüre: Alle Inhalte des Passionsgeschehens werden anklingen: Leid, Bedrängnis, Kummer, Not, Tod, aber auch Befreiung, Gemeinschaft, Aufbruch, Zukunft, Leben.

1. Erinnerung an das Volk Israel

- **Es ist Pascha – Vorübergang des Herrn – Israel in Ägypten**

Einführung:
»Zuerst wollen wir uns mit der Erfahrung des Volkes Israel verbinden. Israel leidet unter dem Joch der Knechtschaft in Ägypten. Wie Sklaven werden die Kinder Israels behandelt. Dort, in dieser Situation erweist sich Jahwe erstmals

als der ›Ich-bin-da-für-Euch‹. Er hat in Israel einen starken Retter erweckt – Mose. Er soll seine Angst besiegen und Israel herausführen aus dem Land der Knechtschaft in das gelobte Land. Wir wollen mit Israel aufbrechen.«

Lesung: Ex 12,1–7.11–14

Lied: When Israel was in Egypt Land (Troubadour Nr. 252)

- **Durchzug durchs Rote Meer**

Einführung:
»Als ›Leitfigur‹ geht Mose mit dem Volk Israel. Seine Stärke ist seine Verbindung zu Gott, auf den er hört. Damit wird die Rettung für das ganze Volk möglich. Das Volk Israel geht den gleichen Weg wie die Ägypter, die sie verfolgen. Die einen führt ihr Glaube zur Rettung, für die anderen ist es der Weg in den Untergang.«

Lesung: Ex 14,26–31; 15,1

Lied: Der Herr geht uns voran (Troubadour Nr. 247)

- **Israel in der Wüste, Massa und Meriba**

Einführung:
»Die Erfahrung der Rettung am Schilfmeer trägt in der harten Erfahrung des Alltags in der Wüste nicht durch. Immer wieder murrt Israel gegen Mose. Die Angst, nicht ans Ziel zu gelangen, läßt die Vergangenheit rosig erscheinen. Die Fleischtöpfe Ägyptens zählen mehr als die Verheißung des gelobten Landes.«

Lesung: Ex 17,1–7

Lied: Wasserquell, Wasserquell (Troubadour Nr. 458)

- **Gnadenhafte Schenkung: Manna und Wachteln**

Einführung:
Stärkung wider die Angst: Offenbarungsmahl

Lesung: Ex 16,9–18

Wasser und Mazzen werden aus dem Zelt heraus gereicht. Gemeinsames Essen mit Tischmusik.

2. *Wir gehen den Weg in unsere Angst*

Einführung:
Israel geht den Weg ins gelobte Land, in Angst und Zittern.

Wanderung in die Kapelle, dazu

Lied: Geh mit uns auf unserem Weg, (Troubadour Nr. 489) oder: Den Weg wollen wir gehen (Troubadour Nr. 144)
Drei/vier Haltepunkte: Trommelschläge

Kyrierufe:
»Herr, ich bekenne, daß auch mich die Angst manchmal lähmt.
Herr, ich bekenne, daß auch ich Menschen am Aufbruch hindere.
Herr, ich bekenne, daß ich zweifle, auf dem richtigen Weg zu sein.
Herr, ich bekenne, daß ich deiner fürsorgenden Gnade nicht traue.«
Dazwischen: Herr, erbarme dich (Troubadour Nr. 165)

3. *Verbundensein in Angst mit Jesus in Getsemani*

Nach Ankunft in der Kapelle

Lied: Ohne Weg, ohne Licht, ohne Hilfe (Troubadour Nr. 162)

Tagesgebet:
»Herr, unser Gott, Israel hat dich als Jahwe, als der ›Ich-bin-da-für-Euch‹ erfahren. Heute in der Feier des Gründonnerstags machen wir uns bewußt, daß du es bist, der uns Leben verheißt. Laß uns wie Jesus dieser Verheißung trauen und mit ihm den Weg gehen, der durch Tod, Angst und Trauer zum Leben führt.«

Einführung:
»Jetzt ist ein anderer Aufbruch: Jesus steht mitten im Leben und geht in den Tod: Die Angst am Ölberg ist da, doch Jesus wird nicht von seiner Angst überrumpelt, er wagt den Aufbruch aus seinem bisherigen Leben. Dennoch prägt die Todesangst, die das Risiko des Scheiterns kennt, diese Stunde, in der er der Wahrheit des Sterbens ins Auge schaut. Wie dem Volk Israel bleibt auch für Jesus nur das Vertrauen auf den Einen, den ›Ich-bin-da‹.«

Evangelium: Mt 26,36–46

Fürbitten:
Freie Fürbitten aus dem Teilnehmer/Innenkreis:
Wo schlafe ich, wenn ich wachen sollte?
Worüber klage ich?
Wovor habe ich Angst?
Wozu erbitte ich Kraft?
Ruf: Alle eure Sorge werft auf ihn (Troubadour Nr. 503)
oder: Aus der Tiefe ruf ich Herr, zu dir (Troubadour Nr. 504)

4. Mut: mit Jesus zu seiner Vision zu stehen

Einführung:
»Wir wollen uns jetzt stärken mit dem Mahl, das Jesus uns selbst hinterlassen hat. Es soll uns verbinden mit Jesus: im Aufbruch, in der Angst und in seiner Vision. Es soll uns ermutigen, es ist ein Mahl der Stärkung. Dieses Offenbarungsmahl wird gereicht wider die Todesangst.
In dieses Mahl ist das Reich Gottes gesät. Jesus selbst hat diesen Hinweis gegeben: ›Ich werde diesen Kelch nicht mehr trinken, bis ich neu trinken werde im Reich meines Vaters‹.
Die Feier des Abschiedsmahles Jesu bedeutet für uns, daß auch wir uns seiner Vision vermählen.«

Gabenlied: Brot gegen den Tod (Troubadour Nr. 164),
oder: Nimm, o Herr, die Gaben (Troubadour Nr. 156)

Gabengebet

Präfation

Sanktuslied

Hochgebet

Vaterunser

Friedenslied: Du kannst der erste Ton (Troubadour Nr. 735),
oder: Wir träumen einen Traum (Troubadour Nr. 691).

5. Kommunion

Einführung:
»Der Neue Bund, dieses Mahl mit Brot und Wein wird hineingenommen in die Angstnacht von Getsemani. Das Mahl hebt die Angst auf, es gibt Sicherheit, daß aus der Angst Neues entstehen, Neues aufbrechen wird. Wir können es vergleichen mit einem Samen, der untergeht und doch mit neuem Leben aus der Erde wachsen wird. Weil es uns guttut, uns an solchen Bildern festzuhalten, werden wir jetzt auch Samenkörner in Schalen säen und damit unsere Angst dieser Erde anvertrauen.«

Kresse säen in Blumenschalen (stehen vor dem Altar).

Mehrere Hostienschalen und Becher stehen bereit. Brot essen und Wein trinken (Tischmusik).

Lied: Das Weizenkorn muß sterben (Gotteslob Nr. 620)

Schlußgebet:
»Herr, Jesus Christus,
wir haben uns mit deiner Angst und mit deiner Zuversicht vermählt, bleibe bei uns, wenn uns jetzt die Nacht umfängt.
Bleibe bei uns, wenn uns Zweifel und Unsicherheit überwältigen. Schenke uns die Gnade deiner Gegenwart.
Amen.«

Segen

Zum Abschluß:
»Aufbruch aus der Sicherheit macht uns angst. Zur Ermutigung haben wir in Erinnerung an das Volk Israel und an die Angstnacht Jesu nun zweimal Mahl miteinander gehalten. Diese beiden Mähler sollen aber uns mehr sein als nur Erinnerung, sie sollen auch unsere Angst nehmen, uns ermutigen, ja uns Sicherheit zum Aufbruch geben. Es gilt: Der Glaube verdrängt die Angst.«

Lied: Bleibet hier und wachet mit mir (Troubadour Nr. 650)

Altar abräumen, nur Blumenschalen bleiben übrig – Stille, danach: Möglichkeit zu stillen Nachtwachen.

Brich mit mir dein Brot

Vorbereitung

- Auf einem Tisch werden Brotfladen in Körben bereitgestellt, ein siebenarmiger Kerzenleuchter steht dabei.
- Einige große Schüsseln und Handtücher, um sich die Hände zu waschen.
- Liedblätter oder Liederbücher.
- Wenn viele Kinder beim Gottesdienst dabei sind, auch für sie evtl. Äpfel oder etwas, das sie miteinander teilen können.

Lied: Leben im Schatten (Troubadour Nr. 388)

Treffen im Gruppenraum

Begrüßung

Einführung zum Thema:

»Brot miteinander zu essen ist für uns ganz alltäglich. In der Familie oder mit Freunden sitzen wir zusammen und essen, aber beachten es oft gar nicht so recht. Wenn wir uns den Brotkorb gegenseitig reichen oder ein Brot miteinander teilen, dann denken wir meist schon an die Wurst oder an den Käse und kaum an das, was wir mit dem Brot gerade tun.
Das Brot ist in unserer Kultur aber mehr als ein Nahrungsmittel, das uns satt macht, es ist fast so etwas wie der Inbegriff einer Sehnsucht nach Mehr. Diese Sehnsucht, diese andere Seite des Sattseins ist mindestens so wichtig wie die Sättigung des körperlichen Hungers. Aber hier spüren wir, daß wir oft hungrig bleiben, leer ausgehen, zu wenig miteinander teilen.
Dieser Gottesdienst soll uns die Sehnsucht nach diesem anderen Brot bewußtmachen und uns erfahren lassen, daß es auch jemanden gibt, der uns dieses Brot reicht.«

Geschichte: Brot in deiner Hand

An der Jakobstraße in Paris liegt ein Bäckerladen; da kaufen viele hundert Menschen ihr Brot. Der Besitzer ist ein guter Bäcker. Aber nicht nur deshalb kaufen die Leute des Viertels dort gern ihr Brot. Noch mehr zieht sie der alte Bäcker an: der Vater des jungen Bäckers. Meistens ist nämlich der alte Bäcker im Laden und verkauft. Dieser alte Bäcker ist ein spaßiger Kerl. Manche sagen: Er hat einen Tick. Aber nur manche; die meisten sagen: Er ist weise, er ist menschenfreundlich. Einige sagen sogar: Er ist ein Prophet. Aber als ihm das erzählt wurde, knurrte er vor sich hin: »Dummerei ...«

Der alte Bäcker weiß, daß man Brot nicht nur zum Sattessen brauchen kann, und gerade das gefällt den Leuten. Manche erfahren das erst beim Bäcker an der Jakobstraße, zum Beispiel der Autobusfahrer Gérard, der einmal zufällig in den Brotladen an der Jakobstraße kam.

»Sie sehen bedrückt aus«, sagte der alte Bäcker zum Omnibusfahrer.

»Ich habe Angst um meine kleine Tochter«, antwortete der Busfahrer Gérard. »Sie ist gestern aus dem Fenster gefallen, vom zweiten Stock.«

»Wie alt?« fragte der alte Bäcker.

»Vier Jahre«, antwortete Gérard.

Da nahm der alte Bäcker ein Stück vom Brot, das auf dem Ladentisch lag, brach zwei Bissen ab und gab das eine Stück dem Busfahrer Gérard. »Essen Sie mit mir«, sagte der alte Bäcker zu Gérard, »ich will an Sie und Ihre kleine Tochter denken.«

Der Busfahrer Gérard hatte so etwas noch nie erlebt, aber er verstand sofort, was der alte Bäcker meinte, als er ihm das Brot in die Hand gab. Und sie aßen beide ihr Brotstück und schwiegen und dachten an das Kind im Krankenhaus.

Zuerst war der Busfahrer Gérard mit dem alten Bäcker allein. Dann kam eine Frau herein. Sie hatte auf dem nahen Markt zwei Tüten Milch geholt und wollte nun eben noch Brot kaufen. Bevor sie ihren Wunsch sagen konnte, gab ihr der alte Bäcker ein kleines Stück Weißbrot in die Hand und sagte: »Kommen Sie, essen Sie mit uns: Die Tochter dieses Herrn liegt schwerverletzt im Krankenhaus – sie ist aus dem Fenster gestürzt. Vier Jahre ist das Kind. Der Vater soll wissen, daß wir ihn nicht allein lassen.« Und die Frau nahm das Stückchen Brot und aß mit den beiden.

So war das oft in dem Brotladen, in dem der alte Bäcker die Kunden bediente. Aber es passierte auch anderes, über das sich die Leute noch mehr wunderten.
Da gab es zum Beispiel einmal die Geschichte mit Gaston: An einem frühen Morgen wurde die Ladentür aufgerissen, und ein großer Kerl stürzte herein. Er lief vor jemandem fort; das sah man sofort. Und da kam ihm der offene Bäckerladen gerade recht. Er stürzte also herein, schlug die Tür hastig hinter sich zu und schob von innen den Riegel vor.
»Was tun denn Sie da?« fragte der alte Bäcker. »Die Kunden wollen zu mir herein, um Brot zu kaufen. Machen Sie die Tür sofort wieder auf.«
Der junge Mann war ganz außer Atem. Und da erschien vor dem Laden auch schon ein Mann wie ein Schwergewichtsboxer, in der Hand eine Eisenstange. Als er im Laden den jungen Kerl sah, wollte er auch hinein. Aber die Tür war verriegelt.
»Er will mich erschlagen«, keuchte der junge Mann.
»Wer? Der?« fragte der Bäcker.
»Mein Vater«, schrie der Junge, und er zitterte am ganzen Leibe. »Er will mich erschlagen. Er ist jähzornig. Er ist auf neunzig!«
»Das laß mich nur machen«, antwortete der alte Bäcker, ging zur Tür, schob den Riegel zurück und rief dem schweren Mann zu: »Guten Morgen, Gaston! Am frühen Morgen regst du dich schon so auf? Das ist ungesund. So kannst du nicht lange leben. Komm herein, Gaston. Aber benimm dich. Laß den Jungen in Ruh! In meinem Laden wird kein Mensch umgebracht.«
Der Mann mit der Eisenstange trat ein. Seinen Sohn schaute er gar nicht an. Und er war viel zu erregt, um dem Bäcker antworten zu können. Er wischte sich mit der Hand über die feuchte Stirn und schloß die Augen. Da hörte er den Bäcker sagen: »Komm, Gaston, iß in Stück Brot; das beruhigt. Und iß es zusammen mit deinem Sohn; das versöhnt. Ich will auch ein Stück Brot essen, um euch bei der Versöhnung zu helfen.« Dabei gab er jedem ein Stück Weißbrot.
Und Gaston nahm das Brot, auch sein Sohn nahm das Brot. Und als sie davon aßen, sahen sie einander an, und

der alte Bäcker lächelte beiden zu. Als sie das Brot gegessen hatten, sagte Gaston: »Komm, Junge, wir müssen an die Arbeit.«

HEINRICH A. MERTENS

Überleitende Gedanken:
»Wir wollen jetzt miteinander teilen,
teilen verbindet,
teilen läßt leben,
teilen hilft einander zu verstehen.
Wir wollen auch teilen als Erinnerung:
Das Volk Israel teilte miteinander das Brot, bevor sie auszogen aus Ägypten – das gab ihnen Kraft, denn sie taten es im Auftrag Gottes und im Vertrauen, daß er sie begleitet.«

Jetzt Brot miteinander teilen, dabei aufeinander zugehen, sich vorstellen, ins Gespräch kommen.

»Wir wollen uns jetzt in diesen Tagen auch auf den Weg machen,
einen gemeinsamen Weg,
einen Weg auch mit unserem Gott, um ihn besser zu verstehen und erfahren zu lernen.«

Glorialied: Der Himmel geht über allen auf (Troubadour Nr. 259)

Weg in die Kapelle

Liedruf: Geh mit uns auf unserm Weg (Troubadour Nr. 489)

In der Kapelle

Lied: Komm, laß diese Nacht nicht enden (Troubadour Nr. 529)

Hinführung:
Jesus setzt Zeichen, wie er das mit dem Teilen meint.
Teilen heißt für ihn:
Leben teilen,
dienen,
sich nicht nur um sich selbst drehen.
Davon spricht das Evangelium.

Evangelium: Joh 13,1–15

Aktion:
Bei uns ist es üblich, vor dem Essen die Hände zu waschen. Dazu einladen – auch als Zeichen des gegenseitigen Dienstes, denn wir sollen einander helfen; auch Zeichen der Reinigung vor dem Mahl.

Lied: Neues Lied im alten Land (Troubadour Nr. 147)

Gabenbereitung:
»Jesus geht noch weiter, er teilt sich selbst mit, macht sich für uns zum Brot.«

Lesung: 1 Kor 11,23–26

Gabenlied: Brot gegen den Tod (Troubadour Nr. 164)

Sanktuslied: Heilig ist der Herr (Troubadour Nr. 178)

Kommunion unter beiden Gestalten. Für die Kinder evtl. Äpfel zum Teilen.

Danklied: Wenn das Brot, das wir teilen (Troubadour Nr. 140)

Gebet

Abräumen des Altars

Zum Ausklang: Impuls Mt 26,30–47

Einladung zum stillen Gebet

Die Kostbarkeit des Lebens entdecken – mit allen Sinnen die Köstlichkeiten des Lebens verkosten

Vorbereitung

- Für die Fußwaschung werden ausreichend mit Wasser gefüllte Schüsseln sowie Handtücher benötigt.
- Zur Salbung der Füße empfehlen sich kleine mit etwas Öl gefüllte Schälchen, auch dazu kleine Handtücher, damit das überflüssige Öl abgerieben werden kann.
- Liedzettel oder Liederbücher.
- Für eine Mahlfeier der Kinder werden auf einem Tisch an geeigneter Stelle etwas Weißbrot in Körben und Saft in einigen Becher bereitgestellt.
  Zur Kommunion der Erwachsenen den Empfang unter beiden Gestalten vorbereiten.

Begrüßung und Einführung

Lied: Ein Mensch, mit dem ich rede (Troubadour Nr. 502)

Lesung: Jesaja 43,1–4 und 49,14–16

Lied: Nimm mein Leben (Troubadour Nr. 389)

Überleitung zum Evangelium:
»... weil Du in meinen Augen wertvoll bist.«
»Ich aber habe Dich eingezeichnet in meine Hände ...«
Erst wenn ich mich als kostbar erkenne und annehme, kann ich wissen, was Kostbarkeit bedeutet und meinen Nächsten als kostbar annehmen.

Evangelium: Johannes 13,3–15

Ritual der Fußwaschung:
»Damit wir dieses Tun Jesu an uns erfahren können, laden wir ein, es selbst zu tun. Wir werden einander die Füße waschen. Beim Waschen der Füße sagen wir einander, was wir aneinander schätzen. ›Du bist mir wertvoll‹ drücken wir mit dieser Geste aus und unterstreichen es mit Worten. Nach der Fußwaschung tun wir uns noch etwas Gutes, wir salben uns die Füße.«

Lied nach der Fußwaschung: Suchen und fragen (Troubadour Nr. 526)

Text:
»Ich habe Euch ein Beispiel gegeben –
So hat es Jesus für uns vorgemacht.
Es gut gut, die müden Füße
mit frischem Wasser zu kühlen.
Wir machen uns voreinander klein,
um uns einander Gutes zu tun.
Kostbar wird diese Geste,
weil sie nicht alltäglich ist,
weil sie uns herausholt aus dem Gewohnten.
Wann berühren wir uns sonst an den Füßen?
Wir können es gut und gern genießen,
gut-sein-lassen.
Wir können uns daran erfreuen,
an dieser Wohl-Tat.
Bei dieser Wohltat werden Hoffnungen in uns geweckt,
Hoffnungen auf ‚Mehr' davon.
In dieser Hoffnung verbinden wir uns mit
der Hoffnung des Volkes Israel
und der Hoffnung der Jünger beim Abendmahl.
Die Zusage Gottes an das Volk Israel ist,
nicht vergessen zu werden,
die Erfahrung der Jünger ist das Beispiel.
Beides können wir mitnehmen in unser Leben.
Mit dem Mahl, das wir nun gemeinsam feiern
können wir es für uns in uns aufnehmen:
Vom Leben kosten, um selbst leben zu können!«

Lied zur Gabenbereitung: Worauf es ankommt, wenn ER kommt (Troubadour Nr. 483)

Lied zum Sanctus: Heilig, ja heilig ist der Herr (Troubadour Nr. 234)

Lied zur Kommunion: Wenn das Brot, das wir teilen (Troubadour Nr. 140)

Mahlfeier für die Kinder:
»Auch in den täglichen Gaben wie Brot und etwas zu trinken ist Gott bei uns.

Nur allzuoft vergessen wir, dafür auch danke zu sagen. Wenn wir nun dieses Brot essen und den Saft trinken, wollen wir an Gott denken und ihm dafür danken.«

Mahlfeier für die Erwachsenen:
Die Kommunion wird in beiden Gestalten an die Erwachsenen und Jugendlichen ausgeteilt.
»Es ist der Gott, der kommt, mir entgegenkommt, der auf mich zukommt.«

Schluß:
Die Kostbarkeit im Herzen bewahren, uns daran erinnern, wenn wir uns auf den Weg machen und gemeinsam die Kar- und Ostertage verbringen wollen.

Lied: Bleibet hier und wachet mit mir (Troubadour Nr. 650)

Aufbruchsmahl – Ermutigung zum Weg durch das Dunkel

Vorbereitung

- Im Gruppen- oder Gottesdienstraum soll eine geeignete Stelle als »Säule« hergerichtet sein, die zum Symbol des »Türpfostens« wird. Dazu ist notwendig, die Stelle großflächig mit festem Papier oder Pappe abzudecken, damit alle ihren Namen darauf schreiben können.
- Fingerfarben in Schälchen.
- Schalen mit Wasser gefüllt, zum Reinigen der Hände, Handtücher.
- Zettel für die Visionen, Stifte.
- Musik zur Meditation.
- Für das Mahl der Kinder Brot und Saft auf einem eigenen Tisch.
- Eine Trommel.
- Für das Mahl zur Erinnerung: Leuchter, Lammfleisch, Brot, Salzwasser und Bitterkräuter, Fruchtmus, Wein.

Im Gruppenraum

Einführung:
»Heute feiern wir das Mahl des Aufbruchs, des Aufbruchs in das Dunkel der Nacht. Dies ist eine Nacht des Todes, der Gefahr, des Durchzugs durch das rote Meer der Passion, das Rote Meer der inneren und äußeren Gräber.
Um das zu tun, braucht es den Mut, der aus dem Vertrauen auf das Leben kommt. Diesen Mut feiern wir als Ritus, als Mahl, als Worte der Zumutung und Ermutigung. Israel ist dabei Vorbild, ist Vorweg. Israel beschmiert die Türpfosten mit Blut der Lämmer vom Hoffnungsmahl vor dem Auszug aus Ägypten. Der Todesengel geht an jenen Häusern vorüber. Die Zeichen an der Türe der israelitischen Häuser sind Schutz vor dem Tod, sind Kraft, die durch das Dunkel der Todesnacht sicher hindurchführt.«

Lesung: Ex 12,21–27

Ritus:
»Wir schreiben nun unsere Namen mit Farbe auf diese Säule, diesen Türpfosten, hinter dem wir uns versammeln

als feiernde Mahlgemeinde. Das bedeutet unseren Schutz vor den Mächten der Zerstörung, wenn wir mit der heutigen Nacht in das Dunkel des Untergangs und der Passion eintreten. Hinter diesem Türpfosten feiern wir ja dann das Mahl der Ermutigung, indem wir das Vertrauen auf die Kraft des Lebens vollziehen, das durch das Dunkel der Todesnacht hin neu geboren wird, und jenseits des Karfreitag als Ostern erblüht.«

Alle malen mit Fingerfarben ihre Namen auf die Säule.
Dazu **Lied:** Wenn einer allein träumt (Troubadour Nr. 487)

»Bevor wir den Festsaal betreten, wollen wir uns die Hände waschen zum Zeichen, daß es ein festliches Mahl ist, auf das wir uns auch äußerlich vorbereiten, schön machen. Wir wollen dies gegenseitig tun, uns einen guten Dienst erweisen.« (Wir waschen einander die Hände.)
»Wir ziehen in den Raum des Mahles, in die Kapelle unter Trommelmusik, die mitzieht.«

In der Kapelle

»Wir feiern hier das Mahl, das vor dem Durchgang durch das Rote Meer steht. Es ist Mahl der Ermutigung.«

Lesung: Ex 12,1–3.6–11

Lied: Wir haben einen Traum (Troubadour Nr. 365)

Der Tisch wird gedeckt (siehe oben). Dazu werden Deutetexte gelesen. Die Deutetexte werden auf einem Sonderblatt an Lektor(inn)en verteilt (6x).

*»**Der siebenarmige Leuchter** bringt uns Licht auf den Tisch, den wir decken, er ist Symbol des Judentums, dieses Licht ist Geschenk an alle, die sich auf den Weg durch die Nacht machen. So kommt dieses Licht selbst aus der Nacht, ist aus dem Dunkel geboren worden, es ist Zeichen des Mutes, in die Nacht zu gehen. Das Licht führt den Weg. Die Zahl sieben weist auf den göttlichen Ursprung dieses Lichtes hin, auf die Verbindung des Himmels mit der Erde, des Schöpfers mit den Geschöpfen. Das Licht und die Siebenzahl sind Symbole des Göttlichen, der Vollendung. Sie weisen hin auf die Vision, die uns trägt.*

Das Lamm *schützt mit seinem Blut vor dem Todesengel. Im Essen des Fleisches nehmen wir Lebenskraft in uns auf. Es wird hastig gegessen; denn es ist Mahl der Ermutigung, des Aufbruchs.*

Ungesäuertes Brot *ist Speise des einfachen Volkes, ist Grundnahrungsmittel. Es ist ungesäuert, weil keine Zeit war, es säuern zu lassen. So ist es neues Brot, anders gebacken als normales Brot. Da beginnt etwas Neues. Es ist in Eile gebacken, die Menschen schmecken darin die Eile des Aufbruchs, für den es Kraft gibt.*

Salzwasser und Bitterkräuter *stehen für die Tränen, damals wie heute. Menschen vergießen Tränen, auch wenn sie Glaubende sind. Sie weinen in ihrer Not in Ägypten, in Drangsal und Elend, sie klagen unter der alten, längst fälligen Last. Bitter ist der Weg, sich von dieser Last zu befreien, sich davon befreien zu lassen, aber noch bitterer war die Bürde, die getragen wurde in Ägypten, damals und in unserem Ägypten heute. Der Mut wird sich*

lohnen. Dafür, daß es sich lohnt, steht dieses Mahl, das nicht nur süß schmecken will. Dafür stehen die Bitterkräuter.

Fruchtmus *erinnert an die Mühsal und Arbeit im Land der Bedrängnis, an die Last der Steine, die es zu schleppen galt, bis alles für den Aufbruch bereit war. Es dauert oft lange, bis wir bereit sind, auszuziehen aus alten Zwängen und Gewohnheiten, Wir hängen an altem, auch an alten Lasten. Es gilt sie abzulegen, ihnen zu sterben, um dem Leben neu zum Sieg zu verhelfen.*

Wein *ist Getränk der Ekstase, der Lust und der Freude, der leidenschaftlichen Lebensenergie. Er steht schon jetzt in diesem Mahl für das helle Morgen, das wir in unseren Visionen vom Leben erträumen und erahnen. Im Mahl, heute abend, vor dem Auszug aus Ägypten, wird Wein getrunken zum Zeichen, daß wir die Zukunft schon schmecken sollen. Dieser Wein steht als lichte Hoffnung hinein in das einfache Mahl der Mühsal, dieses Mahl, das sonst eher nach Arbeit und Aufbruch schmeckt. Der Wein läßt uns das Glück des Daseins auf unseren Lippen kosten, die so oft von mancher Not und Angst ausgetrocknet erscheinen. Aus dem heiligen Becher trinken wir Mut, schon jetzt.«*

Lied: Wenn das Brot, das wir teilen (Troubadour Nr. 140)

»*Wir teilen die Gaben.* (Von Brot und Wein muß etwas für die ›neutestamentliche‹ Feier übrigbleiben.) *Wir erinnern uns an das Mahl der Ermutigung in Ägypten, im Judentum. Darin feiern wir das Vertrauen, das beim Weg durch das Dunkel, auf das wir in diesen Kar- und Ostertagen zugehen, das Leben nicht zerstört wird, sondern neu geboren aus dem Roten Meer des Todes.*
Wir wandern mit dem Volk Israel, beseligt mit seiner Vision, durch die Zeit. Aus dem Mahl der Ermutigung Israels erhebt sich das Mahl Jesu, das Mahl der Vision, seiner Vision vom kommenden Gottesreich, vom erfüllten Leben im Angesicht des Todes.«

Evangelium: Mk 14,12–16.22–25

Lied: Menschen auf dem Weg (Troubadour Nr. 123)

»Der letzte Satz ist die Vision Jesu im Angesicht des Todes. Die Sicht auf das Reich Gottes, das Reich der Liebe und der Menschlichkeit, für das er sein Leben eingesetzt hat bis zum Tod, gibt ihm die Kraft, durch die Nacht der Passion zu gehen, sich begraben zu lassen in den Wassern des Todes, um zu neuem Leben zu kommen. Jesu Vision wandelt die Gewalttat des Verbrechens von innen her um zu einem Durchgang.
Wir wollen unsere Visionen auf Zettel schreiben. Visionen, die uns ermutigen, in das Dunkel dieser Tage zu gehen, altes begraben zu lassen oder selbst zu begraben in den Wassern des Untergangs, auf daß neues daraus hervorgeht. Das braucht Mut. Den schöpfen wir aus der Vision vom Leben, die unser Vertrauen ins Dasein, in das Geheimnis des Lebens selbst, in jenes Geheimnis, das wir Gott zu nenen wagen, zeigt.«

Alle schreiben ihre Vision auf einen Zettel. Dazu erklingt Musik. Auf die Zettel werden auch die Namen geschrieben. Die Kinder malen ihre Zettel aus. Dann legen alle ihre Zettel auf den Mahltisch.

Mahl Jesu mit den Seinen:
Bei der Bereitung des Tisches für die Eucharistiefeier wird auch den Kindern ihr Tisch mit Brot und Saft gedeckt.
Dazu **Gabenlied:** Ich möcht', daß einer mit mir geht (Troubadour Nr. 292)

»In diesem Mahl essen wir selbst die Vision, die darin liegt, daß Leben durch den Tod hindurch gewandelt wird und siegt. Brot läßt uns die Kraft zum Leben kosten. Wein läßt uns schon jetzt die Freude von Ostern schmecken, will uns an unsere Vision erinnern.«

Erzählen der »gefährlichen« Erinnerung an das Mahl Jesu: **Hochgebet**

Gemeinsames Gebet: **Vaterunser**

Austeilen der Gaben Brot und Wein.

Alles wird aufgegessen. Wir sind im Aufbruch. Der Tisch wird danach abgeräumt.

»Gestärkt durch dieses Mahl, das Mahl der Vision, gehen wir in die Nacht. Wir tragen die Vision Jesu in uns, unsere Vision, die Vision, die uns am Leben hält.«

2. am Karfreitag

Karfreitag ist der Ort, wo die Not, der Tod, der Untergang zum Thema wird. Da darf unsere menschliche Klage Ausdruck finden und ins Wort kommen. An stummer Klage ersticken viele Menschen seelisch. Wo die Klage ins Wort kommen darf, da ist ein erster Schritt zur Bewältigung der Not getan. So ist der Karfreitagsgottesdienst wirklich ein Dienst Gottes für uns, daß Gott ein Hörender ist auf unsere Schreie der Not.
In der ausgesprochenen Klage wird die Not miteinander geteilt. Wir Menschen erleben uns als Bedrängte in einem Miteinander, das von der Botschaft Jesu seinen Ausgang nimmt. Sich zu versammeln um die Leidensgeschichte Jesu führt zum Miteinander in der Not, zum Teilen von gelebtem Leben.
In einigen der Gottesdienst-Entwürfe ist die Thematik der Verwandlung gegenwärtig. Im Dunkel der Erde, in den Wassern des Todes geschieht Umwandlung, wird das Weizenkorn zu neuer Frucht ermächtigt, wenn es bereit ist zu sterben. Da erfolgt der Durchgang durch den Abgrund, um das neue, gelobte Land zu betreten. Da sterben alte Lebensformen, damit Neues wachsen kann. So steht der Karfreitag, nicht nur da als ein Tag der Trauer und des Aufschreis über die vielfältige Not unserer Zeit, sondern auch als eine Ermutigung, die Untergänge als Orte der Verwandlung mit Sinn zu füllen.
Dieser Sinn lebt von der Passion Jesu, daß in diesem Jesus von Nazaret Gott selbst sich in die Nacht des Todes begeben hat und seine Gegenwart von innen her den Tod, das Leid aufhellt. Der Tod verliert den Stachel, verliert seine Gottesferne und wird gottgeboren. Es ist wieder die Logik der Liebe, die hier spricht, in der Gott dem Menschen nachgeht bis in die Abgründe des Todes, in der Jesus das Leben gibt für die Seinen.

Am Ende des Karfreitags steht das Grab mit all seiner Dunkelheit und Kälte. Aber der dort Begrabene wirkt wie »begrabenes Feuer«. Der Gottessohn läßt sich nicht verscharren. Da glimmt die Glut unter der Erde weiter. Darin bestätigt Gott alle Hoffnung der Menschen, die sich letztlich auch nicht vergraben läßt, sondern unter aller Not stets doch weiterglüht, Tod und Scheitern nicht das letzte Wort lassen will. Schon am Karfreitag stehen so um das Grab Zeichen der österlichen Vorahnung: die Frauen am Grab, Blumen als Schmuck des Kreuzes und auch die Salbung der Teilnehmer(innen) am Ende eines dieser Gottesdienstentwürfe. Gott läßt uns Menschen, seine Königskinder, nicht im Grab verrotten. Wir werden wie Königinnen und Könige gesalbt mit kostbar duftendem Öl zum Zeichen dieser Würde, die uns von Gott als dem Liebenden zukommt.

PAULUS-THOMAS WEBER

Meine Not schreibe ich in ein verheißungsvolles Miteinander

Vorbereitung

- In der Kirche oder dem Gottesdienstraum liegt ein möglichst großes Holzkreuz, das mit dunklen Tüchern verdeckt ist.

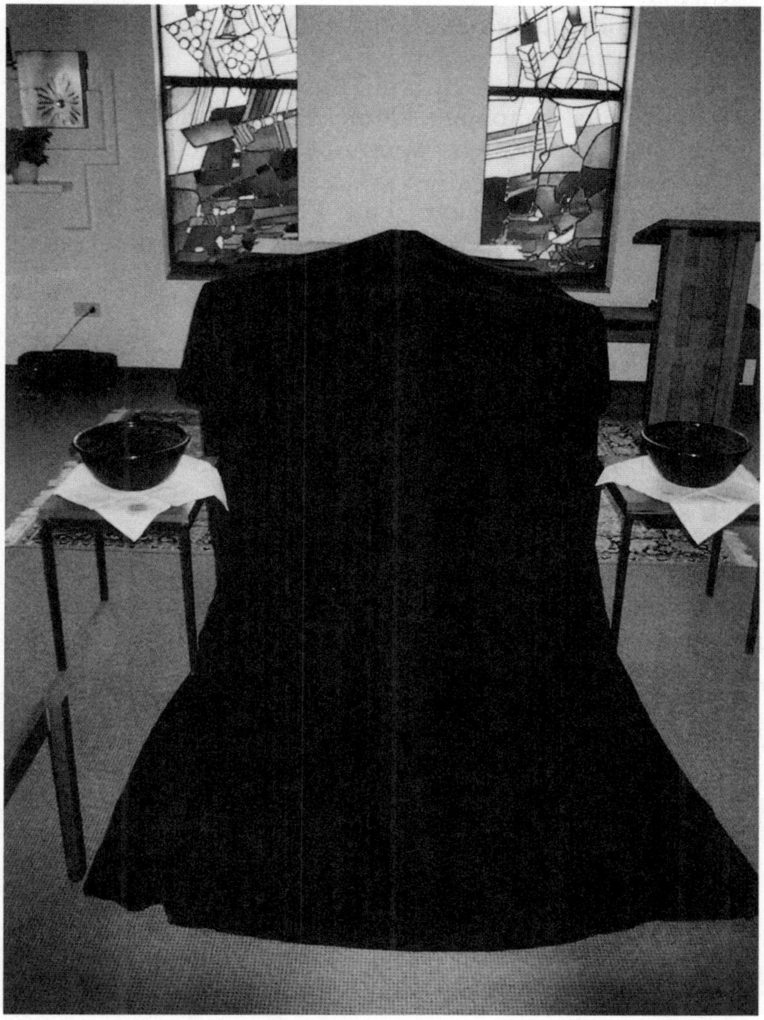

- Verschiedene Bilder, die Menschen in Angst oder Not darstellen. (Diese Bilder wurden bereits in der Gruppenarbeit verwendet.)
- Einige dunkle Schalen, gefüllt mit Erde.
- Die Texte der Passion durch entsprechende Zeitungsmeldungen aktualisieren.
- Das Zelt aus der Gruppenarbeit (siehe I. 1) steht noch.
- Duftöl in kleinen Schälchen vorbereitet, ebenso Handtücher.
- Meditationsmusik sowie die Ouvertüre zu »Jesus Christ Superstar«.
- Hoffungssymbole (evtl. von Kindern hergestellt): Hier können aus Tonpapier kleine Schmetterlinge gebastet werden oder Blumen. Wenn das nicht geht, sind auch Zweige möglich.
- Ein Tageslichtschreiber, eine Folie aus dem Hungertuch von Sieger Köder (Misereor), auf dem der Korpus dargestellt ist.
- Liederbücher oder Liedbätter.

Treffen in der Kapelle

Der Beginn ist vor dem verdunkelten, verdeckten Kreuz, neben dem die Erdschalen stehen.

Lied: Hilf, Herr meines Lebens (Troubadour Nr. 62)

Sich seine Angst vergegenwärtigen:
Wenn am Vormittag die Gruppenarbeit gewesen ist, können an dieser Stelle Teilnehmer/innen anhand der Bilder von der jeweiligen Angst sprechen, erzählen.
Ist diese Einheit nicht gewesen, dann sollte hier eine Einführung kommen:
»Wir Menschen kennen die Angst. Sie begegnet uns in vielfältigen Formen. Was uns jeweils Angst macht, ist ganz unterschiedlich. Die Angst, die Menschen empfinden, steht ihnen meist buchstäblich ins Gesicht geschrieben, läßt sich von da ablesen.
Wir haben die Angst von Menschen aus unseren Tagen hier in Bildern. Wir lassen diese Bilder sprechen und bringen mit ihnen unsere eigenen Ängste hier zum Kreuz.«
Hier nun einige Bilder zeigen, eine Angstsituation als Lebenserfahrung unserer Zeit dazu beschreiben. Die Bil-

der werden zum Kreuz gelegt. Mit jedem Bild wird das Kreuz ein Stück weiter enthüllt.

Lied: In Ängsten die einen (Troubadour Nr. 291)

Lesung: Hebr 4,14–16; 5,7–9 (Meßbuch)

Hungertuchkorpus (siehe oben) wird gezeigt, dazu die Musik von »Jesus Christ Superstar« abspielen.

Lesung: Jes 52,13 – 53,12 (Meßbuch)

Lied: Wir haben einen Traum (Troubadour Nr. 365)
Nur diesen Ruf mehrmals singen, möglichst leise, damit der Gesang einen Ausdruck von Sehnsucht bekommt.

Die **Passion** wird vorgelesen.

Aktualisierung:
»Wir schließen uns an Getsemani an; die Angst von damals geht weiter, bis in unsere Tage. Wie sie von Menschen von heute erlebt wird, können wir jeden Tag in den

Zeitungen nachlesen. Wir stellen uns solchen Ängsten, indem wir sie uns anhören.«
Verschiedene Berichte aus Zeitungen einfügen.

Fürbitten
Wenn es im Kreis möglich ist, sollten hier spontan von den Teilnehmer(inne)n Fürbitten eingebracht werden.

Mögliche Liedrufe: Aus der Tiefe (Troubadour Nr. 120), oder: Lasset zum Herrn uns beten (Gotteslob Nr. 358,3)

Gruppenraum Das Kreuz wird hereingetragen – dazu Stille.
Die Kinder warten, um das Zelt sitzend.

Lied: Ich möcht', daß einer mit mir geht (Troubadour Nr. 292)

Das Kreuz wird wieder verhüllt und ins Zelt gelegt.

Lied: Kumbayah (Troubadour Nr. 249)

Toten- und Grabliturgie

Einführung:
»Gott läßt seinen Sohn nicht verrotten. Es wird berichtet, daß fromme Menschen seinen Leichnam mit kostbaren Ölen salbten, bevor sie ihn ins Grab legten. So, wie Jesus, sind wir heute Gotteskinder, Königskinder, die mit der Angst Jesu verbunden sind, die Schmerzen erfahren und mit ihm teilen. Wir wollen auch teilhaben an dieser letzten Geste, die der Leib Jesu als Wohltat noch aufnehmen konnte und salben auch uns mit einem kostbaren Öl, das gut duftet und uns damit erkenntlich macht für andere Menschen.«
Die Teilnehmer/innen werden aufgefordert, sich gegenseitig die Hände mit dem vorhandenen Öl zu salben, dabei mit der Salbung auch einen Wunsch aussprechen und in die Hand zu legen. Während dieser Geste kann Meditationsmusik laufen.

Das Zelt wird zum Grab.

Lesung: Mt 27,57–61

Kreuzverehrung

Einführung:
»Die Frauen sitzen vor dem Grab und haben ihre Hoffnungen begraben. Sie denken vielleicht: ›Was kann jetzt noch kommen?‹ Es scheint, als wäre es aus mit diesem Menschen. Hier liegt das Kreuz, das den Tod gebracht hat.
So ohne Hoffnung sitzen wir jedoch nicht, denn wir wissen, daß Leben an diesem Kreuz aufbrechen wird. Das Kreuz ist für uns nicht nur das Zeichen des Todes, sondern auch der Hoffnung, es lebt!
Die Kinder haben dazu Dinge vorbereitet, mit denen wir unsere Lebenssehnsüchte aus dem Kreuz ausdrücken können.
Die Verehrung des Kreuzes muß für uns nicht mit Trauer verbunden sein, sie kann auch die Hoffnung auf das kommende, das neue Leben ausdrücken.«

Die Kinder verteilen ihre Symbole.

Lied: Alle Knospen springen auf (Troubadour Nr. 111)

Schlußgebet

Offener Schluß:
Bei Meditationsmusik bleiben die Teilnehmer/innen am Zelt sitzen.

Vergraben des Feuers

Vorbereitung

- Den Raum leicht abdunkeln, damit die gesprochenen Worte auch als Empfindungen aufgenommen werden können.
- Ein Kreuz liegt in der Mitte.
- Eine Trommel.
- Wenn Kinder mit dabei sind, sollten für sie geeignete Hoffnungssymbole vorbereitet sein. Gut eignen sich dafür gebastelte Blumen oder Blüten.
- Es ist eine Feuerstelle nötig, zu der gemeinsam gegangen werden kann.
- Mehrere kleine Schaufeln, um das Feuer zu begraben.
- Fladenbrot.
- Liedzettel oder Liederbücher.
- Diesem Gottesdienst vorausgegangen ist eine Gruppenarbeit, aus der in der Mitte des Raumes ein Erdfeld, umgeben von Steinen liegt (siehe II.2).

Im Tagungsraum

1. Ausgraben der Kreuzesbalken

Wir stehen um den Steinkreis. In der Mitte liegt das Kreuz. Der Raum ist leicht abgedunkelt.

Einführung:
»Gestern abend haben wir aus der Kraft unserer Visionshoffnung heraus ein Abschiedsmahl gefeiert, um einen radikalen Aufbruch zu wagen. Daraus haben wir den Mut geschöpft, heute morgen unsere eigenen Nöte und Schmerzen, das Leid anderer und die Passionen unserer Welt zu begraben. Jetzt haben wir uns hier versammelt, um uns an die Passionsgeschichte Jesu zu erinnern. Das große Kreuz als Symbol seiner Passion liegt in der Mitte des Erdfeldes, in dem wir die Kreuzesbalken unserer Passion vergraben haben. Zwischen unserer und seiner Passion besteht eine tiefe Verbindung, die wir uns in dieser Feier besonders bewußtmachen wollen. Mit Jesus gehen wir in das Dunkel dieser Stunden des Karfreitags.«

Lied: Bleib bei uns (Troubadour Nr. 505,1–3)

Meditation:

»Dunkelheit hüllt uns ein.
In der Dunkelheit können wir uns verstecken, da werden unsere Personen unklar und unscharf. Manchmal schützt sie uns so, wenn wir uns nicht voll zeigen können oder wollen. Meist bedrückt uns Dunkelheit aber.
Sie legt eine Schwere über uns, die uns ›hinunterzieht‹, sie macht unbeweglich, unfrei und vor allem Angst.
Besonders bedrängend wird die Dunkelheit, wenn sie von Einsamkeit begleitet ist; dann kann es sein, daß selbst in einer vertrauten Umgebng nur Fratzen und Dämonen zu sehen sind, die uns das Leben schwer machen wollen.
Die Dunkelheit gibt es auch als Gefühl, als Stimmung in uns, und wir kennen solche Tage alle aus dem eigenen Leben.
Dunkelheit gehört in diese Situation am Karfreitag.
Alles, was einmal an Helligkeit vorhanden war, ist verschwunden, wurde vollkommen von der Dunkelheit verschluckt. Es ist Leiden, Passion!
Das Leiden Jesu verlängert sich bis in unser aller Leben.
Bleiben wir etwas in dieser Dunkelheit jetzt,
halten wir sie aus, suchen wir sie bei uns, in uns.
Wo ist die Dunkelheit in uns?
Wo ist sie um uns herum?
An welche Erfahrungen denken wir da?«

Kurze Stille

Ausgraben der Kreuzesbalken:

»Wir stehen im Dunkel. Unsere Visionssteine aber erinnern uns an unsere Kraft, das Dunkel umzuträumen, an unsere Hoffnung, unsere Passion umwandeln lassen zu können. Wir haben unsere Kreuzesbalken heute früh der verwandelnden Kraft der Erde anvertraut. Jetzt wollen wir noch einen Schritt tiefer in die Umwandlung hineingehen und sie ins Feuer bringen, in das aufflammende göttliche Licht, in dem sie verbrennend zu neuem, leuchtendem Leben umgewandelt werden sollen.
Dazu holen wir sie nun wieder hervor aus der Erde. Das bedeutet nicht, das Begraben rückgängig zu machen, sondern es fortzuführen, zu vertiefen, zu vollenden.«

Lied: Aus der Tiefe (Troubadour Nr. 220), dabei wird ausgegraben.

»Aus der Tiefe der Erde, aus dem Dunkel des Erdgrabens haben wir unsere Kreuzesbalken geborgen, um sie in dieser Feier bewußt in Berührung zu bringen mit der Passion Jesu. Wir wollen sie nun dem Kreuz hinterhertragen in die Kapelle. Unsere Visionssteine bleiben hier als Erinnerungsmale unserer Hoffnung. Wir machen uns mit Jesus auf den Weg zur Umwandlung.«

Prozession zur Kapelle (Trommelklang), das große Kreuz wird vorausgetragen und vorn abgestellt (kein Altar).

In der Kapelle

2. Passionslesung und Kreuzverehrung

Passionslesung:
»Wir hören jetzt die Passionsgeschichte Jesu, die Geschichte der tiefsten Dunkelheit seines Lebens. Im Hören entdecken wir unsere Leidensgeschichten in seiner Passion wieder, spüren wir die Verbindung unserer Kreuzesbalken mit seinem Kreuz. Bewußt wollen wir unsere Passion mit der Seinen in Berührung bringen. In dieser Berührung geschieht Begegnung, ereignet sich Heil.«
Die Markuspassion (Mk 14,25 – 15,37) wird von 10 Lektor(inn)en in 20 Abschnitten vorgelesen. Nach jedem Abschnitt Pause, in der eine/r oder mehrere etwas von ihren Kreuzesbalken vorlesen können. Dabei gehen sie nach vorn zum Kreuz und berühren es mit ihrem Balken. Anschließend jeweils der **Liedruf:** Alle eure Sorgen (Troubadour Nr. 503).

Kreuzverehrung mit den Kindern:
Die Kinder kommen und bringen Hoffnungssymbole mit. *»Schon das Kommen der Kinder ist für uns Zeichen der Hoffnung, des Lebens. Um uns zu zeigen, daß das Leben stärker ist als der Tod, die Hoffnung mächtiger als das Leid, bringen die Kinder ihre Symbole nach vorn, binden sie am Kreuz fest und schmücken es damit.«*

Lied: Was ihr dem geringsten Menschen (Troubadour Nr. 26)

»Die Vision, die Jesus hatte, gab ihm Mut, seinen Weg ins Dunkel, in die Passion, in den Tod, ins Grab zu gehen. Seine (und unsere) Vision ermächtigt auch uns, uns mit unseren Nöten und Passionsgeschichten auf einen Weg noch tieferer Umwandlung zu begeben. So machen wir uns nun mit unseren Kreuzesbalken auf den Weg zum verwandelnden Feuer.«

Prozession mit Trommelmusik und Kreuzesbalken zum Feuerplatz (großes Kreuz bleibt drinnen).

3. Verbrennen der Kreuzesbalken und Vergraben des Feuers

Am Feuerplatz

Entzünden des Feuers

Lied: Feuer auf die Erde (Troubadour Nr. 139)

»Das Feuer zeigt uns die leuchtende Glut Gottes, das Flammen seiner Leidenschaft, die verwandelnde Kraft seiner Liebe. Feuer ist göttliche Energie, die die Umwandlung des Dunkels ins Licht zu bewirken vermag. Wenn wir in dieses Feuer unsere Kreuzesbalken hineinlegen, vertrauen wir diese Nöte und Leiden Gottes verwandelnder Kraft an. Wir glauben an eine Verwandlung unserer Kreuzesbalken in diesem Feuer: aus Härte, Kälte und Schmerz kann Wärme, Licht und neuer Glanz entstehen.«

Verbrennen der Kreuzesbalken:
»Nacheinander legen wir unsere Balken ins Feuer und schauen zu, wie sich daraus Flammen entwickeln.«

Lied: Kyrie aus Taizé (Troubadour Nr. 437/637)

Brotbrechen:
»Wie sich unsere Balken im Feuer verwandelt haben, so hat auch dieses Brot erst im Feuer seine Gestalt gewonnen. Es ist durchs Feuer gegangen, im Feuer verwandelt worden. Im Brot schmecken wir die Erde und das Feuer, nehmen wir ihre elementare Kraft in uns auf.
Brot: feuergewandelte Erdenfrucht.
Brot: In uns weiter feuerhaft umgewandelt in Lebenskraft.
Brot: Zeichen der Hoffnung und Stärkung für uns; der Weg geht weiter.«

Wir brechen uns gegenseitig das Brot und essen schweigend am Feuer.

Begraben des Feuers:
»Als Jesus am Kreuz gestorben war, haben diejenigen, die ihn liebten, ihn nicht dort hängenlassen. Es war ihnen ungeheuer wichtig, ihn zu begraben. In dieser ihrer Handlung des Begrabens zeichnet sich ihr Glaube ab, daß das Ende am Kreuz nicht der endgültige Zusammenbruch aller Visionen war. Etwas wird weiterleben. Etwas bleibt gültig. Auch wenn sie es nicht in Worte fassen können, was das sein wird, vollziehen sie doch die Hoffnungshandlung, legen sie ihre Hoffnung in den Schoß der Erde. Auch wir wollen das Feuer, in dem unsere Kreuzesbalken in die Verwandlung eingegangen sind, nun dem bergenden Schoß der Erde anvertrauen. Soviel ist heute geschehen, soviel spürbar und sichtbar geworden – nun legen wir es ins Dunkel der Erde, wo es neuer Blüte entgegenreifen kann. Wir begraben unser Karfreitagsfeuer in der Hoffnung, daß aus ihm ein Osterfeuer erblühen wird.«
Alle (auch die Kinder) werfen etwas Erde auf das Feuer. Dann fassen wir uns an den Händen und spüren, wie unsere gemeinsame Erfahrung des heutigen Geschehens und unsere Hoffnung auf Ostern uns verbinden.

Teile mit mir dein Leben

Vorbereitung

- Die Balken für ein großes Holzkreuz, Nägel, Hammer.
- Ein großes rotes Tuch wird in der Kirche vor den Altar gelegt.
- Für die Kinder, die dabei sein werden, ein kleines Symbol der Hoffnung vorbereiten. Es kann eine Papierblume, ein Schmetterling oder etwas anderes Passendes sein.
- Liedblätter oder Liederbücher.
- Die Bilder aus der Vormittagseinheit werden mitgebracht und von Teilnehmer(inne)n gedeutet.
- Zur eindrucksvolleren Gestaltung der Passion wird das Lesen des Textes unterbrochen und einzelne Passagen werden pantomimisch dargestellt. Diese Darstellung muß mit einigen Teilnehmer(inne)n vorbereitet werden.

Treffen auf der Wiese

Die Kreuzbalken liegen getrennt auf der Wiese.

Begrüßung und Hinführung:
»Das Kreuz liegt in der Mitte.
Noch ist es aber ein Stück offen.
Noch wäre es möglich auszusteigen, die volle Qual abzuwenden.
Ein Eingriff wäre dazu notwendig, eine Hilfeleistung, die nur noch jemand ›von außen‹ bringen könnte.
Die Beteiligten sind bereits so gefangen in ihrem Haß, daß es nun kein Entrinnen, keine Flucht mehr gibt.
Die Dinge nehmen ihren Lauf.
Es kann der Punkt für uns sein, uns darauf zu besinnen, wo vielleicht wir in manchen Situationen noch Hilfeleistungen geben könnten, wo vielleicht wir ein abzusehendes Kreuz für jemanden noch abwenden könnten, wenn wir uns lösen könnten von Haß und Gedanken der Gewalt.
(kurze Stille)
In dem Bewußtsein, daß auch wir beteiligt sind am Kreuz vieler Menschen, am Kreuz Jesu heute,
werden wir aus diesen Balken das Zeichen dafür machen: das Kreuz!«

Wir fügen die Balken zum Kreuz zusammen. Dann das Kreuz aufnehmen und schweigend mit dem Kreuz in die Kirche ziehen. Dort wird es vor den Altar gelegt.

In der Kirche **Lied:** Herr, wenn es stimmt (Troubadour Nr. 94)

Passion nach Johannes:
Die Passion wird in Abschnitten vorgelesen. Dazwischen werden einzelne Stellen als Pantomime dargestellt.

Lied: Im Leiden (Troubadour Nr. 177)

Kreuzverehrung:
Zur Aktualisierung der Leidensgeschichte, aber auch, um das Leiden Jesu mit dem Leid unserer Tage zu verbinden, tragen einzelne Teilnehmer/innen kurz einige Gedanken vor, die im Zusammenhang mit der Gruppenarbeit am Vormittag stehen. Sie bringen auch die Bilder mit und legen diese um das Kreuz.
Wenn die Gruppenarbeit nicht stattgefunden hat, läßt sich der aktuelle Bezug auch anhand einiger Bilder, die Menschen unserer Zeit in Not und Leid darstellen, mit wenigen Worten einbringen.
Die Teilnehmer/innen werden dann eingeladen, sich um das Kreuz zu stellen, um es in einer Kreuzmeditation noch zu verinnerlichen.

Kreuzmeditation:
Im Kreis um das Kreuz stehen, genügend Abstand zum Nachbarn, damit man die Arme ausbreiten kann; einladen, die Augen zu schließen und auf den Atem zu achten; festen Stand auf dem Boden suchen.

»Wenn Du gerade stehst
und Deine Arme ausbreitest,
dann bildet
Dein Körper ein Kreuz.
Deine Hände strecken sich
den anderen entgegen,
und Dein Kopf
weist ›nach oben‹,
hin zu Gott.
Das sind die beiden
wichtigsten Richtungen

in unserem Leben:
zu Gott und
zu den anderen Menschen.
In Deinem Herzen
können sich
diese beiden Achsen treffen.
Dann hast Du
mit Jesus
vieles gemeinsam.
Er breitete
seine Arme weit aus,
um viele zu umarmen.
Er streckte seine Hände
den Menschen entgegen,
um ihnen zu helfen.
Er hielt sich aufrecht,
auch als es gefährlich wurde.
Das ist schon merkwürdig:
Wer Hand und Fuß,
Kopf und Herz einsetzt
für Gott und die Menschen,
der kann Ärger bekommen,
der wird vielleicht verfolgt,
der spürt das Kreuz deutlich.
Ganz so wie Jesus.«

Aus: Bistum Essen, Aschermittwoch – Ostern – Pfingsten. Ein Wegbegleiter für die ganze Familie, 1990.

Anschließend bringen die Kinder ihre Symbole und legen sie um das Kreuz.

Lied: Leben wird es geben (Troubadour Nr. 154)

Fürbitten:
»Das Kreuz ist da, es gehört zu unserem Leben. Oft genug wird es zum Mittelpunkt des Lebens, so wie hier jetzt bei uns. Es ist wichtig, es anzuschauen, wahrzunehmen, ja anzunehmen. Vor dem Kreuz im Leben davonzulaufen, ihm entrinnen zu wollen, wäre kein Weg.
Es ist Ausdruck von Schmerz und Leid, doch kein Ausdruck für Hoffnungslosigkeit. Beide Pole, unten der Schmerz und oben die Hoffnung gehören zur Gestalt des Kreuzes, und die Hoffnung ist es, die das Kreuz überleben läßt.

Lassen wir hier in Form von Fürbitten Raum für unsere Hoffnungen, lassen wir uns durch die Mitteilung teilhaben an unseren Hoffnungen, Bitten und Wünschen.«
(zu freien Fürbitten einladen)

Lied: Wer befreit ist, kann befreien (Troubadour Nr. 199)

Kommunionfeier

Meine stumme Trauer wird zur Klage – was ich zur Klagemauer trage ...

Vorbereitung

- Das zentrale Symbol für diesen Gottesdienst ist eine Klagemauer. Sie müßte zu gegebener Zeit vor dem Gottesdienst gebaut bzw. mit den Klagen der Teilnehmer/innen beschriftet werden. Dazu lassen sich Kartons verwenden, die kreativ gestaltet werden. Auch Kinder können ihre Klagen aufmalen.
  Sowohl der Aufbau als auch die Sammlung der Klagen können bei einer Gruppenarbeit am Vormittag laufen. Möglich ist sie auch in Verbindung mit einer Anbetungs-Klagestunde nach der Liturgie am Gründonnerstag.
- Ein großes schwarzes Tuch zum Verhüllen der Mauer.
- Ein großes Kreuz liegt in der Kirche.
- Musik für einen Klagetanz, die schwer und düster ist.

Die Teilnehmer/innen versammeln sich schweigend um die Klagemauer. *Gruppenraum*

Erklärung:
»Eine Mauer steht hier im Mittelpunkt. Mauern trennen ab, lassen nicht mehr durch.
Der Klage hier vor uns können wir nicht mehr ausweichen, sie macht sich breit bei uns. Es sind unsere Erfahrungen, unsere Nöte, die uns das Leben schwermachen, worüber wir jammern und klagen. Unsere Geschichten reihen sich aneinander und nehmen uns gefangen.«
Einzele Textfragmente aus der Mauer werden vorgelesen.

»Die Klagelieder der Menschheit gibt es so lange wie die Menschheit selbst. Wir könnten sie aus allen Generationen, zu allen Zeiten hören. Wir kennen sie auch aus der Bibel. Die Menschen dieser Zeit beklagen ihr Unglück, dem sie nicht entrinnen können.«

Lesung: Jeremia 15,10–18

Den Text langsam, mit Pausen zwischen den einzelnen Versen vorlesen.

»Es scheint, daß es keine Steigerung des Leids mehr geben kann. Jedoch – es kommt noch schlimmer:
Der Schrei verstummt ...
Der Mund findet keine Worte mehr für die Klagen ...
Die Erfahrung des äußersten Leids nimmt so stark gefangen, daß kein Raum mehr für Worte, für Schreie, für Klagen bleibt.
Diese Unfähigkeit zum Schrei, zur Klage lähmt den ganzen Menschen.
Es ist nicht zu beschreiben, nicht mehr zu beklagen, nicht zu fassen.«
Zum Ausdruck des Unfaßbaren wird die Klagemauer mit einem schwarzen Tuch bedeckt.

Musik und Tanz:
Um bei der Klagemauer zu verweilen und um sie auch auszuhalten, werden die Teilnehmer/innen eingeladen, ihre Klagen, ihren Schmerz mit einem Tanz zur Musik auszudrücken.

Enthüllung der Klagemauer und Kreuzverehrung:
»Das Unfaßbare ist vorhanden, doch ist nicht das Letzte! Es bleibt uns ein Schritt, der es uns möglich macht, den Schmerz auszuhalten. Es gibt für uns die Chance, uns mit dem Kreuz Jesu zu verbinden. Damit hat die Klage nicht die letzte Macht über uns.«
Die Teilnehmer/innen werden aufgefordert, die Klagemauer zu enthüllten und ihren Klagestein aus der Mauer zu nehmen, damit sich die Mauer abbaut.
»Die Klage bleibt uns erhalten, doch mit der Hoffnung auf Veränderung tragen wir unsere Klage zum Kreuz.«

Gemeinsame Prozession zur Kirche, in der das Kreuz liegt. Die Teilnehmer/innen halten ihre Steine noch in den Händen.

In der Kirche **Passion nach Markus:**
Der Text wird an mehreren Stellen unterbrochen und mit aktuellen Fragen ergänzt. Zwei Personen sollten die jeweiligen Texte verteilt lesen.

Der Gang zum Ölberg: 14,29–31
Textabschnitt vorlesen, dann
Impuls: Auch wir geben Versprechen. Sogar sehr absolute, wie das Eheversprechen! Doch was machen Angst, Alltag, Gewohnheit daraus? Unsere eigenen Grenzen sind oft sehr schnell erreicht!

Das Gebet in Getsemani: 14,32–34.41–42
Textabschnitt vorlesen, dann
Impuls: In welchen Situationen haben wir selbst Angst? Oder hatten wir Angst? Und wann hatten wir zuletzt das Gefühl von anderen verlassen zu sein?

Die Gefangennahme: 14,44–50
Textabschnitt vorlesen, dann
Impuls: Es ist alles aus. Alles, worauf wir gebaut haben, ist weg.

Das Verhör vor dem Hohen Rat: 14,55–56.60–64
Textabschnitt vorlesen, dann
Impuls: Manipulation
Wann manipuliere ich andere, um meine Ziele zu erreichen?

Die Verleugnung durch Petrus: 14,69–72
Textabschnitt vorlesen, dann
Impuls: Wo verleugnen und verstecken wir uns heute, weil es bequemer ist?

Die Verhandlung vor Pilatus: 15,9–15
Textabschnitt vorlesen, dann
Impuls: Wo bin ich still, nur weil andere lauter sind?
Wo gehe ich mit, nur weil andere zu laufen beginnen?

Die Verspottung Jesu durch die Soldaten: 15,17–20
Textabschnitt vorlesen, dann
Impuls: Mache ich mit, wenn andere zum Spielball werden?

Die Kreuzigung: 15,21–27.31–32
Textabschnitt vorlesen, dann
Impuls: Spott und Hohn leben weiter in Überheblichkeit und Anmaßung. Gewalt mit anderen Mitteln. Dieses Kreuz begegnet uns täglich.

Der Tod Jesu: 15,33–37
Textabschnitt vorlesen.

Die Teilnehmer/innen werden aufgefordert, nun einzeln ihre Steine vor das Kreuz zu legen. Nach jedem Stein wird der **Liedruf** gesungen: Herr, erbarme dich (Troubadour Nr. 165).

Kommunionfeier

Umwandlung im Dunkel der Erde

Vorbereitung

- Dieser Gottesdienst bezieht die vorausgegangene Gruppenarbeit mit ein (siehe II.2). In der Mitte des Saales ist das Erdfeld, umgeben von Steinen. Sollte dies in der Umsetzung so nicht möglich sein, dann müßten Briefe oder Zettel und Stifte bereitliegen.
- Hammer und Nägel, um die Briefe ans Kreuz zu nageln.
- Schälchen mit Erde und Kressesamen.
- Liedblätter oder Liederbücher.
- Ein großes Kreuz.
- Meditationsmusik.

Begrüßung

Gruppenraum mit Erdhügel

Lied: Den Weg wollen wir gehen (Troubadour Nr. 144)

Einführung:
*»Wir sind miteinander bereits einen Weg gegangen.
Nun ist Karfreitag. Heute geht es ums Loslassen, Sterbenkönnen.
Das Kreuz, das hier in der Mitte auf der Erde liegt, ist für uns Christen ein Zeichen für Schmerz, für Folter, für Entmenschlichung. Es ist aber auch ein Bild für Umwandlung, weil hinter dem Kreuz nicht das Nichts, das Aus steht, sondern Ostern, die Auferstehung.
Das Kreuz ist ein ähnliches Symbol wie die Erde. Die Erde enthält die Kraft, immer wieder den Prozeß der Umwandlung zu vollziehen und neues Leben in sich aufgehen zu lassen. So können uns diese beiden Bilder in dieser Feier als Bilder der Hoffnung begleiten.«*
Wenn in der Gruppenarbeit unter den Steinen die Briefe vergraben wurden, werden die Teilnehmer/innen aufgefordert, diese auszugraben und nun mit dem Kreuz hinüber in die Kirche zu tragen.

Lied: Herr, gib uns Mut (Gotteslob Nr. 521)

In der Kirche

Passion wird vorgelesen.

Kreuzverehrung:
»Dieser Leidensweg ist nicht vergessen und vorbei, er ist Gegenwart in unseren kleinen und großen Leidenswegen. Unsere große Hoffnung, die wir mit dem Kreuz Jesus verbinden, ist die Hoffnung, daß auch unser Kreuz und unser Leidensweg gut enden wird, sich in Gutes, ja oft in neues Leben wandelt. Es macht von daher Sinn, diese Hoffnung für uns auch ans Kreuz zu bringen.«
Die Teilnehmer/innen auffordern, ihre Briefe ans Kreuz zu bringen und dort anzunageln. Wenn die Briefe noch nicht geschrieben sind, dann ist jetzt Zeit, Gedanken aufzuschreiben, die den Teilnehmer(inne)n aus ihrem Leben als Hoffnungen und Wünsche wichtig sind.

Liedruf: Alle eure Sorgen werft auf ihn (Troubadour Nr. 503)
Den Liedruf mehrmals zwischendurch singen.

Geschichte einer Verwandlung:
»Geschichten und Bilder helfen uns oftmals, uns selbst eine Vorstellung von manchen Dingen zu machen. Gerade bei der Vorstellung, wie sich das Kreuz in Hoffnung umwandeln läßt, tut es uns gut, eine kleine Geschichte zu verwenden, mit der wir dieses Geheimnis verstehen können.
Ein schönes Bild liefert uns die Geschichte vom Bambus. Hier finden wir eine gelungene Verwandlung, die aus dem Tod neues Leben schafft.«

Die Geschichte vom Bambus

Es gibt Geschichten, die warten darauf, entschlüsselt zu werden, indem man sich fragt: Wo kommst du vor in dieser Geschichte? Es war einmal ein wunderschöner Garten, der lag im Westen des Landes mitten in einem großen Königreich. Dort pflegte der Herr des Gartens in der Hitze des Tages spazierenzugehen. Ein edler Bambusbaum war ihm der schönste und liebste von allen Pflanzen, Bäumen und Gewächsen im Garten. Jahr für Jahr wuchs dieser Bambus und wurde immer anmutiger. Er wußte es wohl, daß der Herr ihn liebte und seine Freude an ihm hatte. Eines Tages näherte sich der Herr nachdenklich seinem geliebten Baum, und in einem großen Gefühl von Verehrung neigte der Bambus seinen mächtigen Kopf zur Erde. Der Herr sprach zu ihm: »Lieber Bambus, ich brauche dich!« Es schien, als sei der Tag aller Tage gekommen, der Tag, für den der Baum geschaffen worden war. Der Bambus antwortete leise: »Ich bin bereit, gebrauche mich, wie du willst.«
»Bambus«, die Stimme des Herrn war ernst, »um dich gebrauchen zu können, muß ich dich beschneiden.«
»Mich beschneiden? Mich, den du, Herr, zum schönsten in deinem Garten gemacht hast? Nein, bitte das nicht, bitte nicht! Verwende mich doch zu deiner Freude, Herr, aber bitte, beschneide mich nicht!«
»Wenn ich dich nicht beschneide, kann ich dich nicht gebrauchen.«
Im Garten wurde es ganz still. Der Wind hielt den Atem an. Langsam beugte der Bambus seinen herrlichen Kopf. Dann flüsterte er: »Herr, wenn du mich nicht gebrauchen

kannst, ohne mich zu beschneiden, dann – tu mit mir, wie du willst, und beschneide mich.«
»Ich muß dir aber auch deine Äste abschneiden.«
»Ach, Herr, davor bewahre mich! Zerstöre meine Schönheit, aber laß mir doch bitte Blätter und Äste.«
»Wenn ich sie dir nicht abhaue, kann ich dich nicht gebrauchen.«
Die Sonne versteckte ihr Gesicht. Ein Schmetterling flog ängstlich davon. Und der Bambus, zitternd vor Erwartung dessen, was auf ihn zukam, sagte leise: »Herr, schlage sie ab.«
»Mein Bambus, ich muß dir noch mehr antun, ich muß dich mitten durchschneiden und dein Herz herausnehmen. Wenn ich das nicht tue, kann ich dich nicht gebrauchen.«
Da neigte sich der Bambus bis zur Erde: »Herr, schneide und teile!«
So beschnitt der Herr des Gartens den Bambus, hieb seine Äste ab, streifte seine Blätter ab, teilte ihn in zwei Teile und schnitt sein Herz heraus. Dann trug er ihn dahin, wo schon aus einer Quelle frisches, sprudelndes Wasser sprang, mitten in die trockenen Felder. Dort legte der Herr vorsichtig den Bambus auf den Boden. Das eine Ende des abgeschlagenen Stammes verband er mit der Quelle, das andere Ende führte er zu der Wasserrinne im Feld. Das klare, glitzernde Wasser schoß durch den zerschlagenen Körper des Bambus in den Kanal und floß auf die dürren Felder, die so darauf gewartet hatten. Dann wurde der Reis gepflanzt, und die Tage vergingen, die Saat ging auf, wuchs, und die Erntezeit kam. So wurde der einst so herrliche Bambus wirklich zum Segen.

Aus: Johannes Kuhn, Ermunterung, Kreuz Verlag, Stuttgart 1980.

»Wir können der Umwandlung, unserer Um-Wandlung eine Chance geben. Wir wollen es tun, indem wir in die vorhandenen Erdschalen Samen legen. Setzen wir im Tun unsere Hoffnung auf neues Leben in die Erde. Säen wir unsere Wünsche und Bitten aus!«
Die Teilnehmer/innen zum Säen auffordern, dazu leise Meditationsmusik.

Kommunionfeier

3. in der Osternacht

Die Osternacht geht nochmals den Weg durch das Dunkel, arbeitet sich gleichsam heraus aus dem Dunkel des Todes und des Grabes. So beginnt sie im Dunkeln. Texte von der Weltschöpfung, von der rettenden Macht Gottes durch die Geschichte Israels hindurch werden dahinein vorgetragen. Noch einmal erleben die Mitfeiernden das Dunkel des Todes in seiner ganzen Macht. Zugleich aber ist dieses Dunkel beseelt von Erwartung, vom Warten auf das kommende Licht.

Mit dem Osterfeuer bricht dann Licht in diese Nacht. Das Feuer ist ein altes Symbol des Menschen für das Heilige, für die Gottheit, aber auch für Verwandlung und Umformung. Hier, in der Osternacht zeigt das Feuer auch hin auf die leidenschaftliche Liebe Gottes zu unserer Welt, zu uns Menschen. So wird das Feuer gefeiert und im Blick auf das »vergrabene Feuer« Jesus wird die Auferstehung des Feuers deutlich, das nicht im Tod bleiben kann, das aus dem Dunkel der Erde neu hervorbricht in dieser Osternacht.

In diese Nacht hinein verkündet sich das Evangelium von Ostern. Da bricht die Kunde durch, daß das Grab leer und der Auferstandene den Seinen erschienen ist. Die Botschaft der Osternacht erzählt von dem Unglaublichen, was da geschah, und sie kündet vom Geheimnis, das in dieser Nacht wirkt, das sie wagt, »Gott« zu nennen. Diese Kunde kann nicht schweigen; heißentzündet geht sie von Mund zu Mund und stiftet der Welt eine unglaubliche und doch glaubwürdige Hoffnung ein.

Das andere große Symbol der Verwandlung ist das Wasser. So wie Israel durch das Wasser des Roten Meeres schritt, um aus Ägypten ins gelobte Land zu gelangen, so werden wir an das Wasser der Taufe erinnert, in dem wir mit Christus sterben und auferstehen.

Osternacht ist die Feier, daß die Visionen, die am Gründonnerstag erhoben wurden, tragen, ja daß sie Frucht tragen und daß die Verheißung nicht getäuscht hat. Gott selbst hebt sich aus den Grüften des Todes, und die Gräber dieser Welt werden wahrhaft zum Offenbarungszelt

des neuen Bundes. Da werden Nullpunkte zu heiligen Orten und der Strom der Tränen zum Wasser des Lebens.
Das alles fließt zusammen in das österliche Mahl, das Jesus mit den Seinen und auch mit uns feiert. Da werden wir an den Tisch des Lebens geladen und mit ewiger Liebe gespeist. Das will Osternacht uns sagen.

PAULUS-THOMAS WEBER

Erzähl mir von deiner Hoffnung

Vorbereitung

- An einer geeigneten Stelle ist das Holz und die Feuerstelle für das Osterfeuer gerichtet.
- Osterkerze und kleine Kerzen für alle Teilnehmer/innen.
- Möglichst viele Instrumente, mit denen sich die Osterfreude ausdrücken läßt (Rasseln, Trommeln, ...).
- Das Osterwasser und kleine Schälchen, um es weiterzugeben.
- Meditationsmusik.
- Die Kinder bringen einen vorbereiteten Lichtertanz ein, der den Weg zum Licht zeigen soll. Dazu wird Musik benötigt, die noch Zurückhaltung ausdrückt. Für die Kinder jeweils ein Teelicht o. ä.
- Es ist wieder an einigen Stellen die Gruppenarbeit im Hintergrund gedacht, die Auszüge davon in die Liturgie bringen sollte. Wenn das nicht möglich ist, sind entsprechende Ergänzungen vom Zelebranten notwendig.
- Die Hoffnungstexte vom Vormittag (siehe II.4) sind so auf Plakaten aufgeklebt, daß sie eine Säule bilden.
- Eine lebendige Musik, auf die sich um die Osterkerze tanzen läßt.

1. Wortgottesdienst

In der dunklen Kapelle

Gesang zur Einstimmung: Laudate omnes (Troubadour Nr. 437/c)

Impulsgedanken:
»Die Hoffnung wird immer stärker. Spannung breitet sich damit schon aus. Sichtbar ist für uns das, was greifbar geworden ist, was uns am Vormittag bereits bewegt hat. Wir haben sie auch jetzt für uns zum Mittelpunkt gemacht: Unsere Hoffnung. Sie erhält in dieser Nacht eine Absicherung, eine Zusicherung. Was wir erhoffen, ist nicht nur ein Wunsch, es läßt sich auch erfahren in dieser Nacht.«

Lesung: Gen 1,1 – 2,1

Liedruf: Ausgang und Eingang (Troubadour Nr. 324)

Geschichte:

»Die Hoffnung, auf die wir uns beziehen, steht für uns hier greifbar in der Mitte. Diese Säule hat ein gesichertes Fundament, sie steht felsenfest.
Wir haben uns darauf eingelassen und diese Hoffnung in uns stark werden lassen. Die Kinder haben es auf eine andere Art erfahren, mit einer Geschichte. Sie lassen auch uns jetzt an ihren Erfahrungen teilhaben.«

Das Tal der Nebel

In einem fernen Land gab es ein tiefes Tal, das immer im Nebel lag. Noch nie hatten die Bewohner dieses Tales das strahlende Licht der Sonne gesehen. Auch Mond und Sterne waren für sie unbekannte Dinge. Kein Mensch war jemals auf die Berge gestiegen, um auf die andere Seite hinunterzuschauen.
Die Greise sagten zu den Erwachsenen: »Es gibt nichts Schöneres als unser Tal, und außerhalb unseres Tales gibt es nichts.« Die Erwachsenen sagten zu ihren Kindern: »Wir haben alles, was wir brauchen, in unserem Tal, und außerdem ist es das schönste auf der ganzen Welt.«
Die Kinder glaubten ihnen, und wenn sie selber Erwachsene oder Greise waren, sagten sie dasselbe zu ihren Kindern und Enkeln. So vergingen Jahre und Jahrhunderte.

Im Tal gibt es eine wunderliche Stadt namens Bruna. Außerhalb dieser Stadt lebt ein Junge mit seinem Großvater. Wenn die Leute vorbeigehen, sagen sie: »Dort wohnen Stepan und sein Großvater, der Narr!«
Der Großvater behauptet nämlich, hinter den Bergen gäbe es eine ganz andere Welt, strahlend und voller Farben .... Deshalb halten ihn die Leute für verrückt, und sie haben ihn vor langer Zeit zur Stadt hinausgejagt.
Stepan ist ganz sicher, daß sein Großvater die Wahrheit sagt. Wie gerne möchte er ihm helfen, alles zu beweisen! Aber der Großvater erklärt ihm eines Tages: »Schau, Stepan, ich bin schon zu alt, um auf die Berge zu steigen. Vielleicht wirst du später einmal hinaufsteigen und den Weg des Lichtes öffnen. Zuerst aber mußt du noch tüch-

tig wachsen und stark werden, damit dich niemand daran hindern kann.«
In dieser Nacht liegt Stepan wach. Er denkt: Ich möchte, daß mein Großvater das Licht der Sonne sehen kann, bevor er stirbt. Und er beschließt, sich heimlich auf den Weg zu machen. Es ist sehr dunkel, aber Stepan geht tapfer vorwärts. Er hört das Rauschen des Flusses, der ihm sagt: »Geh nicht, es ist verlorene Zeit!« Die Eule sagt ihm: »Geh nicht, außerhalb dieses Tales gibt es nichts zu tun!« Die Wölfe sagen: »Wenn du weitergehst, wirst du sterben!« Stepan hat Angst. Trotzdem geht er weiter und weiter, bis es zu tagen beginnt.
Der Nebel ist jetzt ganz durchsichtig geworden. Stepan ist auf dem Gipfel des Berges angekommen, und zum ersten Mal in seinem Leben sieht er die Sonne aufgehen. Noch leuchten ein paar Sterne am Himmel.
Von da oben sieht er, wie die Wolken am Tale kleben. Nur die hohen Türme des Stadtpalastes schauen aus dem Nebel heraus. Stepan eilt in seine Stadt zurück und spricht mit der Ratsversammlung der Greise. »Ich habe eine Welt voll Farben gesehen, auf der anderen Seite der Berge«, sagt er ihnen. »Das kann nicht stimmen«, entgegnen sie. »Unsere Stadt ist die einzige, die es gibt. Wer bist du überhaupt?«
Jemand schreit: »Es ist Stepan, der wie sein Großvater nun auch verrückt geworden ist!« Und alle lachen.
Stepan wird sehr böse: »Ich habe es aber gesehen, und ihr alle könnt es auch sehen! Die Türme des Palastes sind nämlich höher als der Nebel. Laßt uns hinaufsteigen!«
»Es ist verboten, auf die hohen Türme zu steigen«, schreien die Erwachsenen. »Es ist sehr gefährlich. Schon immer war es verboten, und noch nie ist jemand hinaufgestiegen.«
»Das wird sich nun ändern«, antwortete Stepan, und schnell beginnt er, die steilen Treppen hinaufzusteigen. Er ist sehr flink und kommt rasch voran. Die Greise springen hinter ihm her. »Halte an, oder wir rufen die Wache!«
Stepan erschrickt, aber er steigt weiter hinauf. Die schreienden Greise folgen ihm. Als die Wache daherkommt, ist Stepan schon weit oben. Sie rufen: »Komm

zurück, oder wir werfen dich ins Gefängnis!« Aber Stepan merkt, daß sie ihn nicht mehr einholen können und steigt weiter.
Als alle auf dem Turme ankommen, hört man entzückte Rufe: Ah! Oh! Ah! Oh! Alle staunen: Stepan und sein Großvater haben recht gehabt.
Stepan läßt die Leute stehen und geht zu seinem Großvater. Er will ihm alles erzählen. Nachher schläft er, denn er ist sehr müde. Der Großvater betrachtet ihn voller Stolz und Freude.

Viel Zeit ist seither vergangen. Die Stadt des Nebels sandte ihre Leute aus, und so lernten die Bewohner von Bruma die Sonne kennen. Es kamen aber auch Reisende von weit her, um die Schönheit der Nebelstadt zu bestaunen.
Oben auf dem Berg, wo sich das Licht und der Nebel küssen, wohnen Stepan und sein Großvater in einem kleinen Häuschen. Wenn die Leute vorbeigehen, sagen sie: »Hier wohnen Stepan und sein Großvater, der Weise.«

ARCADIO LOBATO

Lichtertanz der Kinder

Einführung:
»Wenn wir uns mitteilen, welche Hoffnung in uns steckt, können wir uns auch gegenseitig Hoffnung, Mut machen, den Weg zu gehen, der viele Wegstrecken im Nebel oder auch in der Sonne kennt. Von dem zu erzählen, was uns bewegt, ist längst nicht nur an Worte gebunden. Unser Körper hat seine eigenen Ausdrucksmöglichkeiten, sich mitzuteilen. Lassen wir unsere Sinne wahrnehmen, welche Hoffnung in uns steckt, indem wir den Lichtertanz der Kinder in uns aufnehmen.«

Am Osterfeuer

Wir ziehen zum Osterfeuer, dort
- Segnung des Feuers
- Segnung der Osterkerze
- Entzünden der Osterkerze

Lied: Manchmal feiern wir mitten im Tag (Troubadour Nr. 31)

Wir ziehen dann in die Kirche (Osterlicht wird erst dort weitergegeben). Auf dem Weg das **Lied:** Laßt uns miteinander (Troubadour Nr. 33) im Kanon so lange singen, bis alle in der Kirche sind.

2. Lichtfeier

In der Kirche

Das Osterlicht wird jetzt an alle weitergegeben. Während das Licht weitergegeben wird, bringen Teilnehmer/innen Gedanken aus der Gruppenarbeit des Vormittags ein, die von ihrer Hoffnung erzählen. Sie beginnen dabei: »Die Hoffnung, die mein Leben hell macht, ...«
Möglicherweise können Teilnehmer/innen das auch spontan einbringen, wenn keine entsprechende Gruppenarbeit vorausgegangen ist.

Exsultet

Gloria: Sing mit mir ein Halleluja (Troubadour Nr. 327)

Tanz um das Osterlicht:
»Vor Freude zu tanzen macht in dieser Nacht wirklich Sinn. Jetzt steht das Licht für uns im Mittelpunkt, von dessen Helligkeit und Kraft wir uns anstecken lassen wollen.«

Evangelium: Mk 16,1–7 (mit biblischen Erzählfiguren)

Lied: Du bist das Licht der Welt (Troubadour Nr. 59)

3. Zur Tauferneuerung

Segnung des Osterwassers.

Hoffnungsworte auf meinem Weg des Christseins.

Einladen vorzukommen und sich gegenseitig mit dem Osterwasser aus den Schälchen ein Kreuz auf die Stirn zu zeichnen. Wer möchte, kann der/dem anderen einen Wunsch sagen.

Lied: Nimm mein Leben (Troubadour Nr. 389)

4. Eucharistiefeier

Gabenprozession, dazu **Lied:** Was wir bieten, sind wir selbst (Troubadour Nr. 367)

Sanktus: Heilig – Hosanna in der Höhe (Troubadour Nr. 368)

Agnus Dei: Herr, du Lamm Gottes (Troubadour Nr. 180)

Kommunion unter beiden Gestalten.

Danklied: Sing mit mir ein Halleluja (Troubadour Nr. 327)

Segen

Friedensgruß mit **Lied:** Dein Friede kommt nicht durch Gewalt (Troubadour Nr. 371)

Schlußlied: Gib mir Liebe – Sing Hosanna (Troubadour Nr. 379), oder:
Unser Leben sei ein Fest (Troubadour Nr. 373)

Vom Tod zum Leben!
Dazwischen ein Abgrund, eine Nacht, ein Gott

Vorbereitung

- An einer geeigneten Stelle das Osterfeuer vorbereiten.
- Die Osterkerze, kleine Kerzen für alle.
- Stoffbahnen in den Farben des Regenbogens, dazu eine starke Lampe.
- Das Rosenbild von Sieger Köder als Folie oder Plakat, dazu gebastelte Rosen für alle.
- Ein Gefäß mit dem Osterwasser, kleine Schälchen zum Verteilen.
- Osterkarten, von den Kindern gebastelt.
- Brot für ein Brotfest der Kinder.
- Musik für einen Feuertanz, Bewegungen zur Musik entwickeln.
- Liedblätter oder Liederbücher.

1. Der Abgrund, die Dunkelheit

In der Kapelle

»Die Erde war wüst und leer – von diesem Chaos berichtet die Lesung aus dem Buch Genesis. Diese Wüste, diese Dunkelheit versuchen wir uns vorzustellen, indem wir die Augen schließen, um die Dunkelheit wahrzunehmen, aber auch eine Ahnung davon in uns aufsteigen zu lassen, wie das sein könnte.«

Lesung: Gen 1,1

2. Wasser als Symbol des Unter- und Aufgangs

»In diesem Chaos, in dieser Gottlosigkeit hält Gott seine Zusage aufrecht, der ‚Ich-bin-da' für sein Volk zu sein.«

Lesung: Die Arche schwimmt noch: Gen 7,18–8,3; 9,8–15.

Lied: Die Sonne hoch am Himmelszelt (Troubadour Nr. 394)

Lesung: Ex 15,19–21

Lied: Wenn das Rote Meer grüne Welle hat (Troubadour Nr. 159)

Lesung: Die Heilung des Gelähmten am Teich von Betesda: Joh 5,1–18 (alternativ: Ez 47)

Lied: Wir haben einen Traum (Troubadour Nr. 365)

3. Lichtfeier

Einführung:
Die Mitte des Menschheitsgeheimnisses; Feuer als Kraft der auferweckenden Liebe.

Auszug zum Feuer schweigend.

Am Osterfeuer

Feuersegnung:
»Allmächtiger Gott, du bist der Herr über alles. Du hast auch das Feuer geschaffen, das die Dunkelheit der Nacht erhellt. So bitten wir dich, der du das Licht bist, das uns Menschen erleuchtet: Segne uns und dieses Feuer, indem wir die Gabe deiner Liebe erkennen.
Begleite du uns mit deinem Licht durch das Dunkel der Zeit. Darum bitten wir dich durch Christus, unseren Herrn. Amen.«

Feuertanz

Segnung der Osterkerze:
»Gott, unser Schöpfer, in der dunklen Nacht der Bedrängnis und der Angst irren wir umher. Wir bitten dich, heilige und segne diese Osterkerze. Laß sie brennen als Licht deiner neuen Schöpfung. Entzünde aufs neue das Feuer deiner Liebe in unserem Herzen. Laß es hell werden in uns. Löse die Fesseln der Bedrängnis und der Angst. Führe uns in das Licht deiner Gnade. Amen.«
Entzünden der Kerze
Liedruf: Christus Sieger, Christus König, Christus Herr in Ewigkeit (Gotteslob Nr. 564).

»Die Auferstehung setzt sich ins Bild. Nun haben wir einen Orientierungspunkt – Christus. In seinen Lichtstrahl werden wir alle hineingenommen.«
Ruf: Lumen Christi – Immer mehr Kerzen werden dabei angezündet.

»Aus dem Dunkel ins Licht,
aus der Gefangenschaft in die Freiheit,

aus der Angst ins Leben,
Tod, wo ist dein Stachel!«
Ruf: Lumen Christi

»Angst und Bedrängnis sind hinweggenommen.
Das Grab des Todes ist gesprengt.
Christus ist glorreich auferstanden vom Tod.
Sein Licht zeigt uns den Weg zum Leben.«
Ruf: Lumen Christi

Einzug mit Halleluja aus Taizé

Exsultet

Im Gottesdienstraum

Glorialied

Einführung:
Die neue Stadt aus den Farben des Regenbogens: Stoffbahnen werden vom Licht erhellt.

Evangelium: Mt 28,1–10 oder: Joh 20,11–18
Rosenbild von Sieger Köder; Rosen/Blumen basteln.

4. Tauferneuerung

Einführung:
Wasser jetzt als Heils-Symbol
Auftauchen aus der Nacht
Das Zeichen des Lebens in Christus: die Taufe

Lesung: Röm 6,3–11

Litanei der guten Wünsche – aus dem Taufwasser zugesprochen.

Liedruf: Der Himmel geht über allen auf (Troubadour Nr. 259)

Segnung des Taufwassers:
»Schwestern und Brüder, wir bitten den Herrn, daß er dieses Wasser segne und es dadurch für uns zum Zeichen für das Leben werden läßt.
Herr, unser Gott, sei uns nahe in dieser Nacht, in der wir mit Freude zu dir kommen. Beschütze uns, dein Volk, das du geschaffen und befreit hast. Schenke diesem Wasser die Kraft deines Geistes (Eintauchen der Osterkerze).

Alle, die mit Jesus durch die Taufe verbunden sind, werden auch mit ihm auferstehen zu ewigem Leben. Amen.«

Erneuerung des Taufversprechens:
»Als Kinder wurden wir getauft. Paten und Eltern haben stellvertretend für uns ja gesagt. Wir wurden aufgenommen in die Gemeinschaft derer, die von Jesus Christus her leben wollen. Wir wissen, daß wir auf das Leben und den Tod Jesu Christi getauft sind und damit Anteil haben an seiner Auferstehung. Das wollen wir jetzt bekennen:

Widersagt ihr der Kultur des Todes, um als Kinder des Lichtes leben zu können?
Ich widersage.

Widersagt ihr den tödlichen Verlockungen der Eigensucht, des Habenwollens und der Vorherrschaft über andere?
Ich widersage.

Widersagt ihr dem tödlichen Wahn, die Welt selber machen zu können – ohne Gott?
Ich widersage.

Glaubt ihr, daß Gott der Liebhaber des Lebens ist?
Ich glaube.

Glaubt ihr, daß Gott uns heute noch Wege voller Hoffnung und ohne Angst weist?
Ich glaube.

Glaubt ihr, daß ihr gerufen sei, aus der Auferstehung Jesu zu leben, diese weiterzusagen und mit eurem Leben zu bezeugen?
Ich glaube.

Glaubt ihr, daß alle Menschen zum ewigen Frieden eingeladen sind?
Ich glaube.

Der gute Gott begleite uns auf unserem Weg des Glaubens, und wir selber seien einander Zeugen des Lebens aus Jesus Christus. Dazu verhelfe uns der Gekreuzigte und Auferstandene, den wir heute besingen und feiern, jetzt und allezeit. Amen.«

Schälchen mit Osterwasser werden ausgeteilt; alle sind eingeladen, sich gegenseitig mit diesem Wasser zu bezeichnen.

Lied: Alle Knospen springen auf (Troubadour Nr. 111)

5. Mahlfeier

Einführung:

»Aus den Mutmählern in den Angstmählern wird nun das Mahl der Offenbarung. Aus dem Grab hebt sich der österliche Gott, aus dem Mahl steigt unsere Zuversicht, die die Angst besiegt. Das heißt Ostern.«

Gabenbereitung

Lied: Wir bringen dir, Gott (Troubadour Nr. 168), dazu Gabenprozession der Kinder.

Speisensegnung

Gabengebet (nach Meßbuch)

Sanktuslied: Heilig, ja heilig ist der Herr (Troubadour Nr. 234)

Vaterunser (Troubadour Nr. 231)

Friedenslied: So viele warten im Land (Troubadour Nr. 522)

Osterkarten der Kinder werden verteilt.

Kommunion/Brotfest für die Kinder – selbstgebackenes Brot.

Danklied: Komm, laß diese Nacht nicht enden (Troubadour Nr. 529)

Schlußgebet und Segen

Schlußlied: Sing mit mir ein Halleluja (Troubadour Nr. 327)

Neues Leben bricht auf

Vorbereitung

- Der Platz, an dem das Osterfeuer vorbereitet ist.
- Die Osterkerze, kleine Kerzen für alle.
- Flötenmusik auf CD oder Flötenstücke von Kindern gespielt.
- Ein möglichst großes Gefäß für das Osterwasser, kleine Schälchen.
- Blumen oder Schwimmkerzen, die Symbole sind für die sich verwandelnde Kraft. Bei der Vorbereitung Gedanken für diese Symbole sammeln und im Gottesdienst dann einbringen. Die jeweiligen Symbole werden dazu in das Osterwasser gelegt.
- Wenn aus der Gruppenarbeit vom Karfreitag die Briefe vorhanden sind (siehe II.2), werden sie mit zum Osterfeuer gebracht, wenn nicht, können stellvertretend für alle Teilnehmer/innen einzelne Gedanken aus dem Vorbereitungsteam eingebracht und aufgeschrieben werden, die hier im Feuer zur Umwandlung in neues Leben verbrennen sollen.

In der Kapelle

1. Wortgottesdienst

Flötenmusik zur Einstimmung und Sammlung.

Hinführung:
»Diese Musik erinnert vielleicht an eine ganz andere Geschichte: an Weihnachten. Flötenmusik ist Musik des Himmels. Dieser Himmel öffnet sich in dieser Nacht, der Kreis schließt sich. Was mit der Erinnerung an den Beginn der Lebensgeschichte Jesu von Nazaret anklingt, wird jetzt mit den vergangenen Tagen vollendet. Dies ist auch Gottes großes Ja zu seiner Schöpfung, zu uns.
Der Weg Gottes wird tatsächlich zum Heilsweg, wird heil und nimmt ein gutes Ende. Wo Leben schon fast nicht mehr denkbar war, bricht es mit ganz neuer Kraft auf. Gehen wir mit, um dieses neue Leben auch für uns zu entdecken.«

Lesung: Gen 1,26–31a

Lied: Der Himmel geht über allen auf (Troubadour Nr. 259)

Lesung: Ex 14,15 – 15,1

Lied: Andere Lieder wollen wir singen (Troubadour Nr. 372)

Auszug zum Osterfeuer.

2. Lichtfeier

Am Osterfeuer

Segnung des Feuers:
»Allmächtiger Gott, du bist der Herr über alles. Du hast auch das Feuer geschaffen, das die Dunkelheit der Nacht erhellt. So bitten wir dich, der du selber das Licht bist, das uns Menschen erleuchtet: Segne uns und dieses Feuer, in dem wir die Gabe deiner Liebe erkennen. Begleite du uns mit deinem Licht durch das Dunkel dieser Zeit. Darum bitten wir dich, durch Christus unseren Herrn. Amen.«

Ausdruck unserer Hoffnung auf Wandlung:
»Dieses Feuer hat eine besondere Kraft. Es steckt alle an, die sich davon packen lassen, doch es vernichtet nicht. Wer ‚Ja' sagt, kann sich daran verbrennen und wehtun, doch wird niemand dabei umkommen. Es gibt keinen Grund, sich vor seiner Kraft zu fürchten, schon gar nicht, wenn wir es miteinander brennen lassen. Im Bild gesprochen: Wir können uns trauen, durch dieses Feuer zu gehen. Was dabei verbrennen wird, sind unsere Hemmschuhe, die uns daran hindern, wirklich zu leben, wirklich zu wachsen.
Befreien wir uns davon mit einer symbolischen Geste. Wir überlassen dem Feuer das, was in uns Wandlung braucht.«
Die Briefe (wenn vorhanden) werden jetzt ins Feuer geworfen; wenn es möglich ist, können einzelne Teilnehmer/innen auch in Worte fassen, was sie aufgeschrieben haben.

Lied: Wenn einer alleine träumt (Troubadour Nr. 487)

Segnung der Osterkerze:
»Gott, unser Schöpfer, in der dunklen Nacht irren wir umher, wir bitten dich: Heilige und segne diese Osterkerze. Laß sie brennen als das Licht deiner neuen Schöpfung, entzünde aufs neue das Feuer deiner Liebe in unserem Herzen. Laß es hell werden in uns. Löse die Fesseln der Bedrängnis und führe uns ins Licht deiner Gnade. Amen.«

Entzünden der Kerze.
Liedruf: Christus Sieger, Christus König, Christus Herr in Ewigkeit (Gotteslob Nr. 564)

Am Feuer **Lumen Christi** 1x
»Die Auferstehung setzt sich ins Bild. Nun haben wir einen Orientierungspunkt – Christus – in seinen Lichtstrahl werden wir alle hineingenommen.«

Auf dem Weg Hallelujaruf von: Gehet nicht auf (Troubadour Nr. 137)

Vor der Kapelle **Lumen Christi** 2x; Ministrant(inn)en bekommen das Licht.
»Aus dem Dunkel zum Licht;
aus der Gefangenschaft in die Freiheit;
vom Tod zum Leben.«

Auf dem Weg Hallelujaruf von: Gehet nicht auf (Troubadour Nr. 137)

In der Kapelle **Lumen Christi** 3x; alle bekommen das Licht.
»Der Stein der Bedrängnis ist weggenommen von unseren Herzen! Das Grab des Todes ist aufgesprengt! Christus ist glorreich auferstanden vom Tod! Sein Licht zeigt uns den Weg zum Leben!«

Exultet

Gloria

Tagesgebet

Evangelium: Joh 20,1–18

Deutung:
»Die Erscheinung des Auferstandenen ist noch zerbrechlich, sie verträgt es noch nicht, berührt zu werden, mit Händen läßt sie sich nicht greifen, nicht be-greifen.
Die neue Form ist vielleicht noch mehr Vision als Gestalt

zu diesem Zeitpunkt. Es er-scheint Neues, das auch wir lieber festhalten wollen.
Teilen wir uns mit, wo wir uns mit dieser ER-scheinung gerne eine Be-gegnung oder eine Be-rührung wünschten.«

Halleluja: Hallelu– Preiset den Herrn (Troubadour Nr. 37)

3. Tauferneuerungsfeier

Lesung: Röm 6,3–11

Weihe des Osterwassers:
»Schwestern und Brüder, bitten wir den Herrn, daß er dieses Wasser segne und es dadurch für uns zum Zeichen für das Leben mache:

Herr, unser Gott, sei uns nahe in dieser Nacht, in der wir mit Freude zu dir kommen. Beschütze uns, dein Volk, das du geschaffen und befreit hast. Schenke diesem Wasser die Kraft deines Heiligen Geistes, damit alle, die durch die Taufe mit Christus verbunden sind, auch einmal mit ihm auferstehen zu ewigem Leben. Amen.«

Erneuerung des Taufversprechens:
Zur Bestätigung des Taufversprechens bringen verschiedene Teilnehmer/innen ihren Glauben ein. Sie sagen es mit folgender Einleitung: »Im Vertrauen auf die Kraft dieses Wassers, das verwandeln kann wie hier in der Auferstehung, gebe ich dem Glauben in meinem Leben Macht, ...« Dabei legen sie eine Schwimmkerze ins Osterwasser, die Kinder können am Schluß viele Blumen dazugeben.

Liedruf: Suchen und fragen (Troubadour Nr. 526)
Nur die 1. Strophe wird jeweils zwischendurch gesungen.

»Wir sind füreinander Zeugen dieser Hoffnung, dieses Glaubens. Dieses Wasser ist unser Lebenswasser, ohne das wir nicht leben können. Drücken wir auch untereinander aus, daß es uns ernst ist damit, zeichnen wir uns gegenseitig dieses Kreuz auf die Stirn.«
Schälchen mit Osterwasser untereinander reichen.

Lied: Wegzeichen (Troubadour Nr. 132)

4. Eucharistiefeier

Auferstandenes Feuer

Vorbereitung

- Die Teilnehmer/innen bringen ihre Visionszettel mit, wenn sie von der Gruppenarbeit vorliegen.
- Um das Kreuz ist der Erdhaufen, der von den Visionssteinen umrandet wird (siehe II.2).
- Die Feuerstelle ist gerichtet.
- Osterkerze, kleine Kerzen.
- Viele Frühlingsblumen, die von Kindern auf die Erde gepflanzt werden.
- Osterwasser, kleine Schälchen.
- Liedblätter oder Liederbücher.

1. Wortfeier

Im Versammlungsraum

Eröffnung:

»Wir treten ein in die Macht der Auferstehung, wo der Durchbruch zum Leben geschieht, der sich an Jesus zeigt in der Macht des auferweckenden Gottes. Dabei blicken wir zurück auf unseren Weg; wir feierten am Gründonnerstag zwei Mähler zur Ermutigung für den Weg durch das Dunkel, wir feierten unsere Vision vom Leben, die uns das Vertrauen gab, daß das Leben siegt. Wir schrieben diese Vision auf einen Zettel, der uns die Tage begleitet hat, damit wir sie nicht vergessen.
Gestern begruben wir in der Hoffnung auf Verwandlung, was begraben werden mußte. Wir trauten auf die verwandelnde Macht der Erde. Heute morgen hielten wir inne, um zu sehen, was aus der Erde hervorwächst, der Erde unseres Lebens mit Unter- und Aufgängen. Jetzt treten wir ein in die Feier der Nacht, die dem Auferstehen des Lebens, des Feuers, das wir vergruben, gilt.
Die Visionen tragen Frucht. Die ersten drei Lesungen gelten dem Thema der Visionen, die am Leben halten, zum Leben ermächtigen.«

Gott hat eine Vision und setzt sie um: Erde – Wasser, Gott scheidet Wasser und Erde. Aus der Erde sprießt Leben. Die Vision von der Schöpfung und ihre Gestaltung.

Lesung: Gen 1,26–31
Lied: Regenbogenlied (Troubadour Nr. 475)

Wir haben eine Vision, die uns bisher unbegangene und verschlossene Wege öffnet: Grab Ägypten – Aufbruch – Wasser teilt sich und gibt den Weg frei. Ohne Vision droht der Untergang!
Lesung: Ex 14,15 – 15,1
Lied: Wenn das Rote Meer (Troubadour Nr. 159)

Gott und wir haben eine gemeinsame Vision, die neue Lebensquellen erschließt und das Antlitz der Erde verwandelt: Aus dem Tempel quillt Wasser hervor, aus der Tiefe des Steins verströmt sich die Flut und heilt die erkrankte Welt. Das ist Auferstehung großen Stils.
Lesung: Ez 47,1–12
Lied: Wenn der Himmel (Troubadour Nr. 492)

Im Freien

2. Feuerfeier

»Mit diesen großen Visionen, die Gott in der Schöpfung hat, die wir im Auszug aus dem Land der Bedrängnis haben, die wir gemeinsam mit Gott von der Heilung der Erde haben, machen wir uns auf den Weg und ziehen hinaus in die Nacht, in das Dunkel, um mit unseren Visionen Feuer zu entfachen, die Auferstehung des Feuers zu feiern.«

Lied: Von guten Mächten (Troubadour Nr. 441)

»Wir selbst zünden das Feuer an auf dem Platz, wo wir es begraben haben. Es brennt auf der Asche unserer verbrannten und so verwandelten Kreuze. Das Feuer, das unsere Not verwandelt hat, ist selbst im Schoß der Erde zum Osterfeuer geworden. Wir feiern diese Auferstehung, sie ist Bild und Tiefe der Osternacht, in der sich vergrabenes Feuer aus dem Grab erhebt. Feuer läßt sich nicht auf Dauer vergraben, es ist die Leidenschaft des Lebens und erinnert uns an die Liebe, die stärker ist als der Tod. Gottes Leidenschaft für das Leben kommt da zum Ausdruck. Feuer selbst, das die Nacht erhellt, ist so Segen für uns, es zeigt uns, daß wir Gesegnete sind, deren Leben auch im Dunkel der Erde nicht vergessen ist, sondern von der

leidenschaftlichen Liebe Gottes ans Licht gebracht wird, durch die Verwandlung hindurch. Den Segen des Feuers wollen wir miteinander mitteilen, das ist Ostern: Konsens unserer Visionen vom Licht.
Die Osterkerze ist Licht auf dem Weg, Feuer, das mit uns geht, so wie die Feuersäule Jahwes mit den Israeliten ging durch Wüste und Meer und durch Nacht.«

Entzünden der Kerzen, dann
Halleluja aus Taizé.

»So gehen wir zum Versammlungsraum zurück und erhellen diesen mit der Kraft leidenschaftlicher Visionen, die Gott Ostern nennt.«

Exultet

Im Versammlungsraum

Gloria wird als Jubel dieser Nacht gesungen: Jubilate deo (Troubadour Nr. 437/d)

Evangelium: Joh 20,1–18

Stille

3. Tauffeier

In dieser Nacht steht die Taufe an ihrem Ursprung, sie ist Bild des Begrabens und Auferstehens.

Lesung: Röm 6,3–5.8–11

Lied: Einsam bist du klein (Troubadour Nr. 536)

Weihe des Osterwassers:
»Wasser begegnet uns in dieser Nacht zuerst als Todesmacht. Beim Durchzug durch das Rote Meer ist es die Bedrohung des Volkes und spült hinterher die Ägypter tot davon. Wir tauchen die Osterkerze, die Lebenskraft dieser Nacht, in das Wasser des Todes. Es selbst verwandelt sich so zu einem Ort des Durchgangs. Es wird zum Lebenswasser, das aus dem Tempel hervorquillt und die Erde heilt, wie in der Lesung aus dem Ezechielbuch, so wird das Wasser, ja wird der Tod selbst in der Nacht verwandelt durch die Kraft der Ostern.«

Erneuerung des Taufversprechens:
»Was wir begraben und durchschritten haben in der Kraft unserer Visionen, das ist es, woran wir glauben. Ihnen zu vertrauen heißt an das Leben zu glauben, daß es trägt, das ist Glaube an Gott.«

Vorlesen einzelner Visionen durch die Teilnehmer/innen. Alle antworten darauf: »Ich glaube«. Dabei pflanzen Kinder Blumen in den Erdhaufen um das Kreuz.

Schälchen mit Wasser werden verteilt. Wir bezeichnen einander mit dem Wasser als Zeug(inn)en füreinander. Dazu **Lied:** Mehr als unsere Sprache sagen kann (Troubadour Nr. 538)

4. Mahlfeier

»Wir feiern jetzt mit den Gaben der Erde das Mahl. Darin lebt die Vision Gottes von der Schaffung all dieser Dinge. Es lebt darin unsere Vision vom Durchgang durch den Tod zum Leben, und es lebt darin die gemeinsame Vision von Gott und uns allen, daß wir selbst als Tempel zum Ort werden, von dem heilende Kraft in die Welt strömt.«

Gabenzug mit den Gaben und Speisen.

Gabenlied: Brot, das die Hoffung nährt (Troubadour Nr. 147)

Hochgebet:
Erinnerung – Mahl der Vision, Erfüllung, Ostermahl in dieser Nacht; Lobpreis für den Durchzug, die Gaben des neuen Lebens.

Vaterunser

Friedenslied: Unfriede herrscht auf der Erde (Troubadour Nr. 195)

Kommunion

Danklied: Vergiß nicht zu danken (Troubadour Nr. 48)

Eröffnung des Festes

IV. Umsetzungsmöglichkeiten in den Gemeinden

Wann endlich?

Wann schaffen wir endlich,
in unseren Gottesdiensten
von unserem Leben, unseren Freunden
und unseren Leiden zu erzählen?
Miteinander nachzuspüren, wo Gottes Wort
für unser Leben Bedeutung bekommt?
Untereinander Freude zu erfahren
über unseren Leib, mit allen Sinnen?
Miteinander ruhig zu werden,
eine Ruhe, aus der Kraft
für weiteres Leben entspringt?
Gemeinsam im Kreis zu stehen oder zu sitzen,
um uns in die Augen sehen zu können,
uns in den Arm nehmen zu können,
uns die Hände reichen zu können ...?
Wann schaffen wir endlich ... ???

Was wäre Dir wichtig?
Es wird sich nichts ändern,
wenn niemand damit beginnt,
an einem Punkt anzufangen.
Es wird sich nichts ändern,
wenn wir nur träumen
oder nur klagen.

Herr,
gib uns den Mut
zu kleinen Schritten,
mit einem ersten Schritt
den Anfang zu wagen.

Wie die Kar- und Ostertage in den Gemeinden gestaltet werden, ist sehr unterschiedlich. Sicher gibt es Gemeinden, in denen nicht nur Kräfte für eine würdige Gestaltungsform eingesetzt werden, sondern auch für eine zeitgemäße und ansprechende »Übersetzung« für Menschen

von heute. An vielen Orten scheint es aber, daß gerade letzteres fehlt und eine stärkere Verbindung der liturgischen Feiern mit dem Denken und Leben unserer Gemeindemitglieder nötig wäre.
Die Vermutung, daß Ostern als kirchliches Fest für viele Menschen meist keine Bedeutung im Leben mehr hat, liegt nahe. Die Abwanderung in den Osterurlaub, die zunehmend zu beobachten ist, mag dies ausdrücken. Verantwortliche in den Gemeinden nehmen das viel zu sehr als Tatsache hin. Viel zu wenig gibt das Anlaß, die eigene Praxis zu hinterfragen und zu erforschen, was den Menschen von heute fehlt, woran es liegt, daß die kirchliche Praxis nicht mehr bei den Fragen, Problemen oder Gedanken heutiger Menschen ankommt.
Dazu kommt, daß die Erfahrungen von Leid und Not nicht in unsere gesellschaftliche Wirklichkeit zu passen scheinen, sie werden eher ausgeklammert, möglichst fern vom eigenen Leben gehalten. Symbole und Bilder können hier eine große Hilfe sein. Mit ihnen gelingt es leichter, auf die dahinterliegenden schwierigen oder schmerzhaften Lebenserfahrungen und Lebensfragen zu stoßen. Das wurde in den Überlegungen, Modellen und Bausteinen der vorhergehenden Kapitel vor allem versucht.
Wie die dort gemachten Anregungen in Gemeinden praktisch umgesetzt werden können, dafür gibt es keine Rezepte.
Es hängt von verschiedenen Faktoren ab, wie z. B.

- der Frage, was liturgisch in der Gemeinde bereits in Bewegung gebracht wurde;
- wie die räumlichen Voraussetzungen sind;
- wie stark haupt- oder ehrenamtliche Mitarbeiter/innen daran interessiert sind, hier tätig zu sein;
- welche Zeit dafür eingeräumt wird.

Es ist darüber hinaus aber auch ein Gemeindeethos der Kommunikation untereinander verlangt, das ein Suchen miteinander zum Grundsatz macht. Bei all den Deutungsversuchen oder Übertragungsansätzen geht es nicht in erster Linie darum, was theologisch eindeutig richtig ist, sondern was es für uns Menschen *bedeuten kann.* Was theologisch zu sagen ist, kommt erst an zweiter

Stelle. An erster Stelle muß stehen, was die Menschen von heute dazu an Erfahrungen und Fragen mitbringen und wie diese gedeutet werden können. Dieser Anspruch erfordert oft eine andere Vorarbeit oder eine andere Art der Umsetzung.
Wie heilsam die Inhalte der christlichen Botschaft für das eigene Leben sein können, muß auch für Menschen auf ihren konkreten Lebenshintergründen erfahrbar werden. Das beinhaltet Formen, mit denen sie sehen, spüren, erleben, erfahren können, von welchen Geheimnissen gesprochen wird.
Solche Formen sind für viele Mitarbeiter/innen selbst neu. Vielleicht schreckt es zunächst auch ab, weil viel Material dazu gebraucht wird, das oft nicht vorhanden oder nur unter großen Mühen zu beschaffen ist. Hier unterscheidet sich unser Ansatz vom gängigen »Vortrags-Prinzip«, das in der Bildungsarbeit mit Erwachsenen oder auch in der Liturgie meist üblich ist, das aber häufig nicht die Köpfe und die Herzen der Menschen berührt.

Das positive Feedback, das wir für die Durchführung der gemeinsamen Kar- und Ostertage bekommen, geht nach unserer Ansicht auf dieses kommunikative Such-Ethos und auf das hand-greifliche Lebensmaterial zurück.
Gemeinden, die sich diese beiden Dinge zum Prinzip machen, ermöglichen den Menschen wichtige Erfahrungen. Die Ausstrahlung, die von solchen gelungenen, dem eigenen Leben Sinn gebenden Glaubenserfahrungen ausgeht, brauchen unsere Gemeinden, braucht unsere Welt.

Erfahrungen sprechen für sich

Die tatsächlichen Hintergründe, Bedürfnisse und Erfahrungen von Teilnehmer(inne)n lassen eine direkte und ungefilterte eigene Einschätzung zu.
Wir selbst können aus diesen Rückmeldungen nur Schlüsse ziehen, die unsere Arbeit in der Zukunft bestimmen werden.
Weil die Menschen, die sich hier mitteilen, irgendwo auch in Gemeinden leben, betrifft diese Erfahrungsebene alle Verantwortlichen in den Gemeinden.

- »Ich habe meinen persönlichen Glauben immer mehr entdecken und entfalten können, ich kann jetzt mit allen meinen Sinnen Gott preisen.«
- »Wir waren bei den Gottesdiensten einbezogen und eingebunden und konnten uns selbst einbringen. Auch die Kinder waren durch eigene Vorbereitungen eingebunden. In der eigenen Pfarrei ist das leider nicht so.«
- »Besonders beeindruckend war die Arbeit mit den Symbolen.«
- »Es ist möglich, daß Kinder von 2 bis 13 Jahren begeistert an Gottesdiensten und religiösen Festen teilnehmen und sie mitgestalten!«
- »Meine persönliche Verbindung zu Gott wäre ohne diese Erfahrung weniger tief. Ich spüre ein ›Getragensein‹ trotz meiner Ängste und Unsicherheiten.«
- »Wir hatten die Erwartung, in bezug auf Kirche etwas Neues, Schönes zu beginnen, mit einer wärmeren und besseren Atmosphäre, als wir sie in der Kirche bei uns erleben. Wir spürten, daß viele Menschen so denken und fühlen wie wir und nach solchen Erfahrungen suchen. In dieser Form war Gott sehr nah.«
- »Mit den Inhalten der Kar- und Ostertage konnten wir in unserem Leben nichts mehr anfangen. Es ging uns darum, Ostern nicht nur passiv zu erleben, sondern die Tage aktiv mitzugestalten. Es ist gelungen, die theologischen Inhalte auf das normale Leben zu übertragen und damit verständlich werden zu lassen.«
- »Wir sind jedesmal gestärkt und froh wieder heimgefahren.«

Dies ist nur ein Ausschnitt aus den Rückmeldungen, die wir bekommen haben. Können diese Menschen damit rechnen, daß ihre Erwartungen ernstgenommen werden – auch in den Gemeinden, in denen sie leben?
Aus diesen persönlichen Eindrücken lassen sich folgende Grundsätze unseres Handelns bestätigen. Sie sollten auch in der pastoralen, liturgischen Praxis von Gemeinden verstärkt Gestalt bekommen:

- **Miteinander den Weg suchen.**

Durch das gemeinsame Suchen und Finden entsteht »ein Bild mit vielen Farben«, das zu einem Gemeinschaftswerk wird.

Übertragen auf die liturgischen Feiern bedeutet das die Notwendigkeit, die Feiern in Gruppen und Kreisen innerhalb der Gemeinden vorzubereiten. Die Menschen haben dabei mit ihren persönlichen Erfahrungen wichtige Kompetenzen einzubringen. Ein solcher Weg miteinander eröffnet allen Beteiligten ganz neue Einsichten und stellt wichtige Ver-bindungen her, auf die Gemeinden unbedingt angewiesen sind.

- **Mit neuen Augen hinter gewohnte Dinge schauen.**

In der Lebenswelt von heute fehlen in vielen liturgischen Handlungen die Zugänge, die erst wieder gefunden werden müssen, teilweise völlig neu zu erschließen sind. Die gewohnten Abläufe und Symbole innerhalb der liturgischen Handlungen sollen für die Menschen eine heilsame Wirkung haben. Sie wollen eine innere Schatzkammer für die Menschen sein, doch das gelingt meist nicht mehr, weil ein Großteil der Leute keinen Zugang, keinen Schlüssel mehr dazu findet. Behutsam und einfühlsam braucht es hier heute Hin-führung, Hilfe im Vorfeld, um wieder an den Schlüssel zu kommen. Wer sich diese Mühe macht, wird erleben, wie dankbar die Menschen sind, wenn sie erfahren haben, was sich in der verborgenen Schatzkammer befindet. Es tut ihnen gut und not, deshalb müssen Verantwortliche aus Gemeinden diese Wege heute gehen, wenn ihnen daran liegt, die lebenspendende, heilsame Botschaft Jesu Christi zu verkünden.

- **Alle Sinne in den Glaubensvollzug einbeziehen.**

Unsere gewohnte Praxis begrenzt sich oft auf hören und reden, für die Mehrzahl der Leute heißt das noch konkreter zuhören und schweigen. Viele sind damit nicht mehr zufrieden.

Die meisten Menschen kennen heute auch andere Formen oder Ausdrucksweisen von Glaubensgemeinschaften in Ost und West. Damit sind sie weniger auf das angewie-

sen, was lokal angeboten wird, können sich ein gutes Stück aussuchen, was sie für sich brauchen. Natürlich können wir uns nicht zu einer Einheitsform der Religionen vermischen, aber wir können voneinander lernen und andere Erfahrungen auch für uns positiv nutzen.
Wenn es gelingt, mit allen Sinnen den Glauben zu erfahren, den ganzen Körper dabei einzubeziehen, kann es dem ganzen Menschen nur guttun.
Das kann heißen, je mehr Sinne angesprochen werden, um so tiefer geht die Botschaft in den Menschen hinein, um so heilsamer wird der Glaube.

Für die liturgische Praxis wird es zunehmend von Bedeutung sein, daß Menschen mit positiver Energie aufgeladen den Gottesdienst verlassen können und nicht mit negativen Gefühlen über die Kirchenschwelle in den Alltag zurückgehen müssen. Wer nur enttäuschende Erfahrungen macht, wird mehr und mehr wegbleiben. Schmerzlich ist das bereits vielerorts erfahrbar.
Umfragen bestätigen, daß die Attraktivität einer Gemeinde wesentlich von einer gut gestalteten Liturgie abhängt. Nachdem davon ausgegangen werden muß, daß die Mehrzahl unserer Kirchenmitglieder nur die gottesdienstlichen Erfahrungen innerhalb ihrer Gemeinde kennen, sollte dieser Aspekt für alle hauptberuflich und ehrenamtlich in den Gemeinden tätigen Mitarbeiterinnen und Mitarbeiter viel ernster genommen werden.
Zu viele Menschen bleiben heute vom Gottesdienst weg, weil sie schlechte Erfahrungen gemacht haben, enttäuscht wurden. Die Hoffnung, dort Anregungen für die eigenen Fragen des Lebens zu bekommen oder bei der Suche nach Impulsen zur Beantwortung der Sinnfrage Hilfe zu erhalten, haben zu viele schon aufgegeben.
Die Chancen, die gerade in der liturgisch intensiven Festzeit von Gründonnerstag bis Ostern liegen, sollten sich Gemeinden für ihre eigene spirituelle Vertiefung und Erneuerung nicht entgehen lassen.
Wenn auch manche Gestaltungsspielräume in einer geschlossenen und überschaubaren Gruppe größer sind als in einer Gemeinde, können sich dennoch auch Gemeinden auf den Weg machen, die vielfältigen Symbol-

handlungen der Kar- und Ostertage kreativer, sinnvoller und hilfreicher zu gestalten.
Das vorliegende Werkbuch versteht sich auch als eine »Schatzkiste« für solche Gemeinden.

GABRIELE FLÖRCHINGER